MANA

Titel von Almut Irmscher in der Reise-Lesebuch-Reihe:
Das **Island**-Lesebuch   (978-3-95503-127-5)
Das **Norwegen**-Lesebuch   (978-3-95503-130-5)
Das **Dänemark**-Lesebuch   (978-3-95503-133-6)
Das **Irland**-Lesebuch   (978-3-95503-136-7)
Das **Schottland**-Lesebuch   (978-3-95503-139-8)
Das **England**-Lesebuch   (978-3-95503-142-8)
Das **Portugal**-Lesebuch   (978-3-95503-146-6)
Das **Italien**-Lesebuch   (978-3-95503-149-7)
Das **Griechenland**-Lesebuch   (978-3-95503-152-7)
Das **Schweden**-Lesebuch   (978-3-95503-177-0)
Das **Kroatien**-Lesebuch   (978-3-95503-180-0)
Das **Toskana**-Lesebuch   (978-3-95503-183-1)
Das **Namibia**-Lesebuch   (978-3-95503-200-5)
Das **Nordsee**-Lesebuch   (978-3-95503-215-9)
Das **Ostsee**-Lesebuch   (978-3-95503-212-8)
Das **Spanien**-Lesebuch   (978-3-95503-209-8)
Das **Sardinien**-Lesebuch   (978-3-95503-231-9)
Das **Bayern**-Lesebuch   (978-3-95503-258-6)
Das **Österreich**-Lesebuch   (978-3-95503-260-9)

Titel von Gunhild Hexamer in der Reise-Lesebuch-Reihe:
Das **Kanada**-Lesebuch – Der Osten   (978-3-95503-186-2)
Das **Kanada**-Lesebuch – Der Westen (978-3-95503-189-3)
Das **Kalifornien**-Lesebuch   (978-3-95503-203-6)
Das **USA**-Lesebuch   (978-3-95503-218-0)
Das **Florida**-Lesebuch   (978-3-95503-254-8)

Titel von Almut Irmscher in der City-Lesebuch-Reihe:
Das **Wien**-Lesebuch   (978-3-95503-234-0)
Das **Rom**-Lesebuch   (978-3-95503-237-1)
Das **Hamburg**-Lesebuch   (978-3-95503-240-1)
Das **Venedig**-Lesebuch   (978-3-95503-243-2)
Das **Amsterdam**-Lesebuch   (978-3-95503-252-4)

Bibliografische Information der Deutschen Nationalbibliothek
Die Deutsche Nationalbibliothek verzeichnet diese Publikation in der
Deutschen Nationalbibliografie. Detaillierte bibliografische Daten sind im
Internet unter http://dnb.dnb.de abrufbar.

© 2023 MANA-Verlag, www.mana-verlag.de

Titelfoto: Moyan Brenn, Anzio, Italien (Dunnottar Castle)
Bilder im Innenteil: Almut Irmscher, Dennis Irmscher; Grafiken: Tabea Sudrow
Umschlagentwurf, Satz und Layout: MANA-Verlag
Druck:Dardedze, Riga, EU
ISBN: 978-3-95503-139-8

Almut Irmscher

Das Schottland-Lesebuch

Impressionen und Rezepte
aus Highlands und Lowlands

Einführung

Nebel liegt über den Highlands. Heidekraut und prächtige Gräser bedecken den Boden des Torfmoors, bizarre Felsen ragen in den Himmel. Wie Quecksilber schillert die Oberfläche eines einsamen Lochs. Wir sind in Schottland, einer Landschaft für Individualisten.

Doch so still und menschenleer sich manches Tal dem Besucher auch offenbart, so bewegt und abenteuerlich ist Schottlands Geschichte. Sie ist von stolzen, eigenwilligen Menschen geprägt, von selbstbewussten Clans beherrscht und von machtbesessenen Eindringlingen gebeutelt. Die dramatischen Ereignisse in der schottischen Geschichte haben ihre Spuren hinterlassen, und diese begegnen den Reisenden allerorts in dieser einzigartig schönen Landschaft. Prächtige Natur beherrscht die rauen Highlands, in den lieblicheren Lowlands findet man lebhafte Städte und saftige Weiden.

Wohl nirgendwo auf der Welt gibt es so viele Burgen im Verhältnis zur Landfläche wie in Schottland. Doch die meisten liegen in Ruinen. Warum? Wer hat ihre Herren vertrieben und die mächtigen Mauern in Trümmer gelegt? Weshalb sind die schottischen Täler so einsam? Den Wanderer erwarten tiefe Stille, herrliche Panoramen und ein faszinierendes Wildleben – doch wo sind die Menschen? Sie versammeln sich zu eigenartigen Festen, den Highland Games. Bärbeißige Naturburschen in karierten Kilts werfen Baumstämme um die Wette, trinken Whisky und tanzen zu lauter Dudelsackmusik.

Die Schotten haben während der Jahrhunderte eine ganz spezielle Kultur entwickelt, die sie mit hingebungsvoller Liebe pflegen und erhalten. Denn sie sind stolz auf ihre Individualität und entschlossen, sich diese zu bewahren, auch wenn ihnen das im Lauf ihrer Geschichte nicht leicht gemacht wurde.

Schottland ist aber auch ein nordisches Nebelland voller Mythen und Geistergeschichten. In der Vorstellungswelt seiner Bewohner war es stets von Feen, Märchenwesen und Zwergenvölkern besiedelt. Und natürlich von Nessie, dem mysteriösen Ungeheuer von Loch Ness.

All das hat auch die Fantasie der Nichtschotten stets zu beflügeln vermocht. Schillernde Gestalten wie Maria Stuart, Macbeth, Braveheart, Rob Roy oder der Highlander sind eindrucksvolle Protagonisten aus Schottland in Literatur und Film.

Von all diesen Besonderheiten Schottlands erzählt dieses Buch. Es ist eine bunte Sammlung von Geschichten und Impressionen, die einen abwechslungsreichen Blick auf Schottland vermitteln und zusammen eine Vorstellung von der Vielfalt dieses Landes geben. Und selbstverständlich fällt dabei die Aufmerksamkeit auch auf die eine oder andere örtliche Besonderheit, die Sie vielleicht selbst besuchen möchten.

Für den optischen Eindruck erwartet Sie ein bunter Reigen von Fotos aus Schottland auf www.almutirmscher.de. Schauen Sie mal rein!

Und damit Sie alle Sinne mit schottischen Impressionen verwöhnen können, gibt es zu jedem Kapitel ein Rezept aus Schottlands eigenwilliger Küche. Denn auch in deren speziellen Rezepturen spiegelt sich der schottische Individualismus. Lassen Sie sich überraschen!

Lehnen Sie sich zurück und kommen Sie mit auf die Reise.

Fàilte gu Alba! – Willkommen in Schottland!

Wer sind die Schotten?
Von Pikten, Skoten und Römern

Über dem Moor liegt Nebel, die Luft ist ein feuchter, trüber Schleier. Der Boden besteht aus sanften Wellen, die von dichter Heide bewachsen sind, und ab und an wuchern hohe Farne wie üppige Federbüschel daraus hervor.

Ein Mann hat sich in geduckter Haltung dahinter versteckt. Sein langes blondes Haar ist mit Lederriemen zusammengebunden, und in der rechten Hand hält er einen Speer mit blattförmiger Spitze. Sein muskelbepackter Körper ist über und über mit großflächigen Ornamenten tätowiert. Seine Augen funkeln wachsam, er ist angriffsbereit. Niemand kennt das Torfmoor hier im Nebelland so gut wie er. Er ist der beste Jäger seines Stammes. Und der meistgefürchtete Krieger. Er ist ein Pikte.

Vor rund 2.000 Jahren ist ganz Schottland von piktischen Stämmen und Clans besiedelt. Sie sind frei und unabhängig voneinander, aber in einer Sache sind sie sich einig: Die Römer sind ihre Feinde. Gegen die Römer haben sie sich verbündet, und sie konnten ihre Stärke immer wieder demonstrieren. So lange, bis der oberste Chef der Römer, Kaiser Hadrian, einen großen Wall aufschütten ließ. Einen Wall quer über die ganze Britische Insel. Südlich davon herrschen die Römer, aber der Norden bleibt unbeugsam und frei. Denn der Norden ist das Land der Pikten.

Der Hadrianswall ist eine steinerne Mauer mit integrierten Kastellen, in denen römische Soldaten und Hilfstruppen stationiert waren. Hadrian veranlasste im Jahr 122 n. Chr. den Baubeginn, weil den ständigen Überfällen durch die Pikten nicht anders beizukommen war. Damit schuf Hadrian eine offizielle Grenze, die noch heute ihre Gültigkeit hat: die Grenze zwischen England und Schottland. Über eine Strecke von 113 Kilometern erstreckt sich der teils aus Steinmauern bestehende, teils aus Erde angehäufte Wall von der Nordsee bis hin zum Solway Firth, einem Fjord, der in die Irische See mündet.

Die wilden Stämme aus dem rauen Norden ließen sich nicht romanisieren. Die Römer nannten sie »picti«, das heißt »die Bemalten«, denn ihre Sitte war es, sich am ganzen Körper zu tätowieren. Ihr Land erwies sich als unwegsam und wild, zu fremdartig für die Römer, die schon genug damit zu tun hatten, das restliche Britannien unter Kontrolle zu halten. Die Versorgungswege für die Truppen bis rauf nach Schottland waren zudem weit, deshalb erschien es günstiger, das Römische Reich durch eine befestigte Linie von den barbarischen Stämmen abzutrennen, die dort im Norden hausten. Ganz so, wie man es auch bei den Germanen schon gemacht hatte.

Dort hatten die Römer im frühen ersten nachchristlichen Jahrhundert mit dem Bau des Grenzwalls Limes begonnen, nachdem die germanischen Barbaren in der Varusschlacht drei römische Legionen vernichtet hatten. Und das, obwohl der römische Tross ursprünglich aus mehr als 15.000 Soldaten bestand, es war ein grauenhafter Verlust. Ein ähnliches Schicksal wollte Rom in Britannien nicht noch einmal erleiden und konnte sich dergleichen auch nicht noch einmal leisten, denn die Macht des Riesenreiches begann bereits zu bröckeln.

Zwar versuchte Antonius Pius 20 Jahre später, zumindest die schottischen Lowlands unter römische Herrschaft zu bringen, indem er aus Holz und Torf den Antoniuswall an der Grenze zu den Highlands errichten ließ. Doch konnte dieser Grenzwall gegen die fortdauernden Angriffe der Krieger aus dem schottischen Hochland nur knappe 40 Jahre lang gehalten werden. Danach zogen sich die Römer wieder hinter den Hadrianswall zurück und ließen den starrköpfigen Pikten ihr Schottland.

Niemand weiß, woher diese Menschen ursprünglich kamen. Ihre Kultur, ihre Bräuche und ihre Religion liegen weitgehend im Dunkeln. Denn die Pikten selbst begannen erst spät mit Aufzeichnungen. Zwar hinterließen sie geheimnisvolle gravierte Steine, die sogenannten Piktensteine. Aber das geschah erst ab dem 5. Jahrhundert. Alles, was wir über die davorliegende Zeit wissen, haben die Römer aufgeschrieben, und weil diese über ein feindliches, fremdartiges und noch dazu offenbar kriegerisch überlegenes Volk berichteten, sind ihre Schilderungen nicht unbedingt objektiv.

Vermutlich stammten die Pikten aus dem Norden Europas. Sie setzten sich aus verschiedenen Völkern zusammen, die keine gemeinsame Ethnie aufwiesen. Zwar verfügten sie über eine eigene Sprache, doch ist von dieser so wenig erhalten, dass sie sich nicht mehr klassifizieren lässt. Während der letzten Eiszeit existierte eine Landverbindung zwischen Südschweden, Dänemark und den Britischen Inseln, in dieser Zeit, also vor rund 10.000 Jahren, nahm die Besiedlung Schottlands ihren Anfang. Irgendwann kamen auch die Pikten, aber wann das geschah und woher sie kamen ist völlig ungeklärt.

Gute 5.000 Jahre später begannen die steinzeitlichen Jäger und Sammler mit der Bestellung des Bodens und mit der Viehzucht. Aus dieser Zeit finden sich noch heute überall in Schottland Hügelgräber und Steinkreise.

Die zahlreichen Götter der Pikten wohnten in Flüssen, Lochs, Mooren und Wäldern. Genaueres ist auch hierüber unbekannt, denn die Römer haben nicht besonders viel notiert. Mag sein, dass es Menschenopfer gegeben hat.

Die Pikten lebten als Clans zusammen, in größeren Gruppen, in denen die miteinander verwandten Familien und deren jeweilige Oberhäupter das Zentrum bildeten. Gemeinsam bewirtschafteten sie das Land, das ihrem Clan gehörte. An der Spitze eines Clans stand der König, ein Status, der meistens vererbt wurde, und zwar teils in väterlicher, teils in mütterlicher Linie. Ein piktischer König trug den Beinamen »Mac«, das heißt »Sohn des …« und ist ein Namenszusatz, der sich bis auf den heutigen Tag in Schottland erhalten hat.

In der streng hierarchischen Piktengesellschaft unterstanden dem König die Adeligen, das waren Krieger, aber auch gebildete und fähige Handwerker, Musiker, Künstler, Heiler, Richter und Priester. Ihnen folgten die freien Bauern, die dem König Tribut zahlten und im Gegenzug militärischen Schutz erhielten. Sklaven und Leibeigene bildeten die unterste gesellschaftliche Schicht.

Frauen genossen einen hohen sozialen Status und hatten deutlich mehr Einfluss als zum Beispiel römische Frauen. Sie zogen sogar als Kriegerinnen gegen die Römer in den Kampf. Denn die Pikten waren wehrhafte Gesellen. Sie hatten eine ausgefeilte Schlachtstrategie entwickelt und kämpften mit Schilden, Streitäxten, Schwertern, Speeren oder Pfeil und Bogen bewaffnet, zu Fuß und auch zu Pferd.

Wenn es nichts zu bekämpfen gab, bestellten sie das Land und züchteten Vieh. Sie kannten allerlei Handwerkszeug, Ambosse und Zangen, Nadeln und Kämme, Lederzeug und Messer. Mit großen, auf dem Boden stehenden Harfen musizierten sie und sangen dazu. Sie handelten mit anderen Ländern, Schiffe aus dem Mittelmeerraum belieferten sie mit Töpferwaren, Wein und Glas. Aber noch lieber, als Handel zu treiben, überfielen die Pikten andere Völker und beschafften sich auf diese Art, was sie gebrauchen konnten.

Als die Römer sich aus Britannien zurückzogen, drangen die Pikten auf ihren Beutezügen auch wieder über den Hadrianswall nach Süden vor. Im Jahr 550 wurde Bridei MacMaelcon ihr König, eine starke Führungspersönlichkeit. Es gelang ihm, viele piktische Stämme zu vereinen und so zum ersten Mal die feindlichen Skoten zu besiegen.

Diese Skoten waren Kelten und stammten aus Irland. Immer wieder hatten sie das Piktenland mit Raubzügen drangsaliert und sich schließlich sogar im Westen davon niedergelassen. Dorthin weiteten sie ihr eigenes Reich aus, es trug den Namen Dalriada. Sie brachten die gälische Sprache mit nach Schottland und nicht nur das: Der Name »Schottland«, der sich später für die gesamte Region einbürgern sollte, leitet sich von den Skoten ab.

Schon ab dem 5. Jahrhundert wandten sich die Skoten dem Christentum zu, und auch die Pikten ließen sich schließlich missionieren. Der gemeinsame Glaube sorgte allmählich für eine Annäherung zwischen den beiden Volksstämmen. Doch mehr noch: Ab dem Ende des 8. Jahrhunderts begannen die Überfälle der aus Skandinavien kommenden Wikinger, die sich schon bald dramatisch häuften. Gegen diese berserkerhaften Raubzüge half es den Skoten und Pikten nur, sich zu verbünden. So kam es, dass beide Völker sich schließlich miteinander vertrugen, und nicht nur das: Im Jahr 843 vereinigten sich die Königreiche der Pikten aus dem schottischen Norden und Osten mit dem skotischen Dalriada im Westen des Landes. Ihre Stämme und Kulturen vermischten sich, ein neues Reich entstand. Kenneth I. MacAlpin, auch Alpin von Kintyre genannt, wurde der erste gesamtschottische König, das Land im Norden Britanniens nannte sich nun »Alba«.

MacAlpin hatte seine hohe gesellschaftliche Stellung in mütterlicher Erbfolge aus seiner piktischen Linie erlangt, verband sich durch Hochzeit mit den Skoten und wurde von den Stammesführern beider Gruppen zum König gewählt. Das Haus Alpin sollte die erste schottische Königsdynastie werden, eine von Gewalt überschattete Herrscherlinie. Denn nur zwei ihrer Könige verloren das Amt durch natürlichen Tod, alle anderen wurden bestenfalls abgesetzt, in der Regel aber gemeuchelt.

Ursache hierfür mag gewesen sein, dass die Königswürde nicht automatisch auf den ältesten Sohn überging. Vielmehr wurde der Thronerbe nach einem komplizierten System gewählt, er musste volljährig sein und ohne jeden körperlichen oder moralischen Makel, was auch immer man darunter zu verstehen hatte. Das sorgte für ständige Reibereien, Intrigen und Machtkämpfe, nicht selten mit blutigem Ausgang.

Diese wunderbare Grundlage für ein großes Drama wusste Shakespeare zu nutzen, als er seinen Macbeth erschuf. Diesen Macbeth gab es wirklich, er war König von Schottland und hatte piktische Ahnen. Doch als er 1040 zum König gewählt wurde, war das alte Reich der Pikten längst Geschichte. An seine Stelle war ein neues Königreich getreten: Schottland.

Traditional Scotch Eggs

Zutaten für 4 Personen:

14 Eier
500 g gewürztes Schweine-
  mett (traditionell nimmt
  man in Schottland das
  Innere von Bratwürsten,
  denn dort gibt es kein
  Schweinemett)
2 l Pflanzenöl

250 g Mehl
150 g Paniermehl
Muskatnuss
1 Tl Paprikapulver (edelsüß)
1 Zweig Rosmarin
Salz
Pfeffer

Zubereitung:

12 der Eier 8 Minuten lang kochen, dann pellen. Die Rosmarinnadeln vom Zweig trennen und fein hacken. Das Mett in
einer Schüssel mit 100 g Mehl, dem Rosmarin, dem Rosen-
paprika, etwas geriebener Muskatnuss und Pfeffer gut vermischen. Die Masse in 12 Teile trennen, jeweils flach drücken,
ein gekochtes Ei hineinlegen und gleichmäßig mit der Masse
umhüllen. 3 kleine Schüsseln bereitstellen, in die erste das
restliche Mehl füllen, in die zweite die beiden restlichen Eier,
in die dritte das Paniermehl. Die Eier gut verquirlen. Dann
die ummantelten Eier erst im Mehl, danach im flüssigen Ei
und abschließend im Paniermehl wälzen. Das Öl in einem
großen Topf oder in der Fritteuse auf etwa 180°C erhitzen
und die Eier ca. 4 Minuten darin frittieren, bis sie goldbraun
und knusprig sind. Auf Küchenkrepp abtropfen lassen und
danach salzen. Mit Senf und Bier servieren.

Die Scotch Eggs sind in Schottland sehr beliebt fürs Picknick.
Wenn man sie frisch frittiert und heiß verzehren möchte,
reicht es auch, die Eier vorab nur 4½ Minuten lang weich zu
kochen. Dann sind sie besonders lecker.

Geschubst, gezerrt, geschoben und gequetscht – die Geologie von Schottland

Haben Sie sich schon einmal eine geologische Karte von Schottland angesehen? Sie ist bunt wie ein Kunstwerk von Wassily Kandinsky.

Zwar ist ganz Britannien reich an unterschiedlichen Gesteinszonen, eine Tatsache, die dazu geführt hat, dass britische Wissenschaftler die ersten führenden Geologen weltweit gewesen sind. Das spiegelt sich in vielen noch heute gebräuchlichen Bezeichnungen erdgeschichtlicher Epochen, wie dem Devon, das nach der gleichnamigen englischen Grafschaft benannt ist.

Doch nirgendwo ist der Untergrund so dramatisch gestaltet wie in Schottland. Für einen Landstrich dieser Größe ist die Vielzahl der anzutreffenden Gesteinsvarianten ausgesprochen ungewöhnlich. Hier gibt es zweieinhalb Milliarden Jahre alte Gneise, granitische Intrusionen, Dolomit, Marmor, Feuerstein und Reste von Vulkanen aus dem Zeitalter des Paläogen, dem ältesten Abschnitt der Erdneuzeit nach dem Aussterben der Dinosaurier. Dazu existieren wirtschaftlich interessante Vorkommen von Kohle, Öl und Eisenerzen, um nur eine Auswahl zu nennen. Die Liste der Mineralien reicht an 200 verschiedene Arten, von Gold und Gips über Pyrit und Schwefel bis hin zu Opal und Hämatit.

Die exponierte Lage Schottlands im Randgebiet zwischen den tektonischen Platten von Eurasien und Nordamerika hat dafür gesorgt, dass die Bewegung dieser mächtigen Landmassen das kleine Schottland einigermaßen aufgewühlt hat: Es wurde gedehnt und gequetscht, gezerrt und gefaltet. Während der Jahrmillionen erlebte es außerdem die verschiedensten klimatischen Bedingungen, von polarer Eiszone über glutheiße Wüste bis hin zum tropischen Garten Eden. Zahllose Fossilien zeugen von dieser Vergangenheit. Nicht umsonst ist James Hutton, der »Vater der Geologie«, Schotte gewesen, er wurde 1726 in Edinburgh geboren. Wo auf der Welt hätte er bessere Bedingungen für seine Studien und Erkenntnisse finden können?

Aus geologischer und geomorphologischer Sicht ist Schottland in drei Zonen unterteilt: Die Highlands mit den Inseln im Norden, die Central Lowlands in der Mitte und die Southern Uplands im Süden von Schottland.

Die Central Lowlands, auch »Central Belt« genannt, stellen einen Grabenbruch dar, der von Sedimenten aus dem Paläozoikum, also dem Erdaltertum, geprägt und reich an Bodenschätzen ist. Das verschaffte ihnen während der industriellen Revolution große Bedeutung, hier erblühte Schottlands Wirtschaft in jener Zeit. Noch heute sind die Central Lowlands die bevölkerungsreichste Region Schottlands. Sie sind eine ziemlich flache Gegend, wenngleich es während des Karbons hier rege vulkanische Aktivitäten gegeben hat. Davon zeugt Arthur's Seat, der Hausberg von Edinburgh, der ein erloschener Vulkan ist.

Südlich der Central Lowlands liegen die Southern Uplands, die durch den Grabenbruch der Lowlands aufgefaltet wurden. Oft werden sie mit den Central Lowlands zusammengefasst und gemeinsam als schottische Lowlands bezeichnet. Im Gegensatz zu den Highlands ist die Landschaft in den Southern

Uplands zwar bergig, besteht aber aus sanften grünen Hügeln. Schroffe Felsen, steil aufragende Bergkämme und tief eingeschnittene Täler sucht man hier vergebens.

Um das zu finden, muss man sich bis hinauf in die Highlands begeben, die aus geologischer Sicht interessanteste der drei Regionen Schottlands. Der Grabenbruch der Lowlands ist durch das Zerren der Kontinentalplatten entstanden. Während sie im Süden auseinanderdrifteten, drückten ihre nördlichen Teile gegeneinander und drehten währenddessen gleichzeitig ihre Achsen. Die dabei entstehenden Kräfte sind ungeheuerlich. Legen Sie mal Ihre beiden Zeigefinger dicht nebeneinander auf den Tisch. Dann drehen Sie die rechte Hand nach rechts weg, die linke Hand nach links, lassen aber die Spitze der Zeigefinger während des Drehens an der gleichen Position. Merken Sie, wie sich der Druck erhöht? Hoffentlich sind ihre Fingernägel nicht zu lang, sonst bohrt sich der untere der beiden sehr unangenehm ins Nagelbett des anderen. Nun stellen Sie sich vor, Ihre Hände seien Kontinentalplatten und an den Spitzen Ihrer Zeigefinger lägen die schottischen Highlands. Und schon können Sie sich vorstellen, wie all die schroffen Berge und die zahllosen Täler entstanden sind.

Diese Täler sind oft so tief gefaltet, dass sie zu Lochs wurden. Das Wort »Loch« kommt aus dem Gälischen und bezeichnet einen See, eine Meeresbucht oder einen Fjord. Die Schotten nutzen die Bezeichnung für alle nicht fließenden Gewässer, seien es Binnenseen, Meeresarme oder auch Stauseen. Kleinere Seen nennen sie »Lochan« oder »Lochie«, wobei es keine festgelegte Definition dafür gibt, ab wann ein »Loch« nur noch ein »Lochan« ist. In Schottland wird "Loch" mit kehligem "ch" ausgesprochen, so ähnlich wie im deutschen "machen".

Mitten durch die Highlands verläuft der Great Glen, eine seismisch aktive Verwerfung, die sich von Inverness im Nordosten nach Fort William im Südwesten zieht. Hier gibt es immer wieder Erdbeben, Stärke vier auf der Richterskala ist da ganz normal. Drei Lochs sind in dieser Verwerfungslinie entstanden, das berühmte Loch Ness und das kleinere Loch Lochy, das aber bei weitem nicht so klein ist, wie der Name vermuten lassen könnte, und außerdem in der Mitte der Verwerfungslinie Loch Oich. Mit dem Kaledonischen Kanal schuf man Anfang des 19. Jahrhunderts eine Verbindung von Loch zu Loch bis hin zu den Meeren im Osten und im Westen, sodass man durch den Great Glen zwischen der Schottischen See nördlich der irischen Küste und der Nordseebucht Moray Firth hin- und herschippern kann, ohne um die Nordspitze Schottlands herumfahren zu müssen.

Der Ben Nevis am Südwestrand der Highlands ist mit 1.344 Metern der höchste Berg der Britischen Inseln. Als Außenposten der Highlands ragen die Inselgruppen der Hebriden im Westen und die der Orkney- und der Shetland-Inseln im Norden aus dem Atlantik.

Die extreme Faltung der Highlands erklärt auch die zahlreichen Gesteinsarten, die hier anzutreffen sind. Denn durch das Aufbrechen des Untergrunds wurden die verschiedensten Schichten freigelegt. Die Erosion tat ein Übriges dazu, indem sie weichere Gesteine im Laufe der Jahrmillionen deutlich mehr ausgewaschen hat als widerstandsfähigere. So entstand ein teilweise bizarr gezacktes, buntes Durcheinander von Steinwänden, Bergen, Tälern und Lochs, das typisch schottische Landschaftsbild mit seiner wildromantischen Dramatik.

Classic Scottish Pie – klassisch schottische Pastete

Zutaten für 4 Personen:

800 g Rinderhüftfleisch	2 Lorbeerblätter
12 Champignons	50 g Mehl
2 Zwiebeln	5 Wacholderbeeren
1 Stange Staudensellerie	Pfeffer
4 Möhren	Salz
2 Knoblauchzehen	Öl zum Braten
1 Ei	Für den Teig:
500 ml kräftiges Dunkelbier	150 g Mehl
50 g Butter	150 g Magerquark
je 2 Ästchen Thymian und	100 g kalte Butter
Rosmarin	1 Tl Salz

Zubereitung:

Das Mehl in eine Schüssel schütten, die kalte Butter in Streifen schneiden und dazugeben. 1 Tl Salz und den Quark hinzugeben und alles rasch zu einem Teig verkneten. Anschließend zu einer Kugel formen, fest in Frischhaltefolie einwickeln und im Kühlschrank 1 Stunde lang kalt stellen.

Die Zwiebeln schälen und würfeln, Knoblauchzehen schälen und fein hacken. Möhren, Pilze und Selleriestange putzen und in Stückchen schneiden. Thymianblättchen und Rosmarinnadeln abzupfen und fein hacken. Das Fleisch in mundgerechte Stücke schneiden.

Etwas Öl in einem Bräter erhitzen und das Fleisch darin anbraten, bis es rundum gebräunt ist. Nun die Hitze reduzieren, die Zwiebeln zugeben und weiterbraten, bis sie leicht gebräunt sind. Zum Schluss die Hitze wieder erhöhen und Knoblauch, Möhre, Sellerie, Pilze sowie Butter hinzugeben. Salzen und pfeffern, Rosmarin, Thymian, Wacholderbeeren und Lorbeerblätter unterrühren. Etwa vier Minuten lang scharf anbraten, dann mit dem Bier ablöschen. Das Mehl mit 6 El Wasser in einem Schüttelbecher mischen, gut durchschütteln, dann unterrühren und alles kurz aufkochen lassen.

Den Backofen auf 180°C vorheizen. Den Bräter mit dem Deckel verschließen und für 2 Stunden in den Backofen stellen. Nach Ende der Garzeit die Masse gut umrühren. Die Lorbeerblätter und – falls auffindbar – die Wacholderbeeren entfernen und noch einmal mit Salz und Pfeffer abschmecken. Dann die Masse in eine Auflauf- oder Pieform umfüllen.

Den gekühlten Teig noch einmal kurz durchkneten, dann ausrollen und so formen, dass er über die Auflaufform passt und seitlich etwa 2 cm überlappt. Auf die Auflaufform legen und an den inneren Außenseiten anfeuchten, danach um die Auflaufform herum festdrücken. Das Ei aufschlagen und verquirlen, die Oberseite des Pie damit bestreichen. In der Mitte des Pie den Teig mit einem Messer zwei- bis dreimal einstechen.

Für etwa 45 Minuten bei 180°C zurück in den Backofen stellen, bis die Oberseite goldbraun gebacken ist.

Hauptsache, satt –
das Essen in Schottland

Was essen die Schotten? »Haggis«, antworten Sie, rümpfen die Nase und wenden sich ab. Tatsächlich ist die Liebe der Schotten für den mit Innereien gefüllten Schafsmagen, genannt »Haggis«, für alle Nicht-Schotten schwer nachvollziehbar. Haggis ist das schottische Nationalgericht schlechthin. Der Schafsmagen wird gründlich gewaschen, umgestülpt, die Magenschleimhaut wird abgekratzt. Sodann füllt man ihn mit vorgekochtem Herz, Leber, Lunge und Nierenfett des geschlachteten Tieres sowie mit Hafermehl, Zwiebeln und reichlich Pfeffer, anschließend näht man ihn zu. Danach muss er mindestens drei Stunden lang kochen.

Ein genaues Rezept für die Zubereitung des Haggis werden Sie aber in diesem Buch vergeblich suchen, denn ich finde, das reicht jetzt. Wenn Sie unbedingt Haggis probieren wollen, dann bekommen Sie ihn unterwegs in Schottland in so gut wie jedem Pub, beim Metzger oder abgepackt und vakuumiert im Supermarkt. Er ist von etwas festerer Konsistenz als gewöhnliche Wurst und wird in Scheiben geschnitten serviert. Ich muss gestehen, dass ich bei meinem letzten Besuch in Schottland all meinen Mut zusammengenommen und das eigenwillige Gericht probiert habe: Wider Erwarten schmeckte es gar nicht mal so schlecht. Der befürchtete beißende Geschmack ließ sich jedenfalls nicht ausmachen.

Das Verzehren von gefüllten Tiermägen hat eine lange Tradition und war schon bei den alten Römern üblich. Letztendlich gibt es ja auch in Deutschland den spätestens seit Helmut Kohl landesweit berühmten Pfälzer Saumagen, der allerdings mit Fleisch und Brät statt mit Innereien gefüllt ist. Die Innereien landen aber durchaus in der westfälischen Grützwurst oder im hessischen Weckewerk, um nur zwei Beispiele zu nennen. Und bei uns im Bergischen Land bereitet man Panhas (eine Kochwurst) aus Innereien und Mägen zu.

Letztendlich entstanden diese Gerichte, um möglichst alle Teile des geschlachteten Tieres zu verwenden. Da die Innereien am schnellsten verderben, werden sie zu Wurst verarbeitet. Und weil es sich anbietet, verwendet man als Wursthülle den Darm oder eben den Magen. So kam es in Schottland zur Erfindung des Haggis.

Die Engländer haben wenig Verständnis für diese schottische Tradition. Sie machen gerne abfällige Witze über den Haggis. Und weil die Schotten humorvolle und fantasiebegabte Leute sind, reagieren sie darauf keineswegs beleidigt. Ganz im Gegenteil, sie haben es zum Volkssport erklärt, sich witzige Geschichten über den Haggis auszudenken. Da gibt es fliegenden Haggis, der in den Highlands gejagt wird, oder Haggis mit unterschiedlich langen Beinen, der umfällt, wenn man ihn ins Flachland treibt. Und der Dudelsack ist wichtiger Begleiter bei der Hatz auf den Haggis, denn er ahmt die Brunftschreie des männlichen Haggis nach. Die vielen Haggis-Erzählungen sind aus der schottischen Volkskultur nicht mehr wegzudenken.

Aber auch ein Schotte lebt nicht vom Haggis allein. Weltberühmt sind die schottischen Galloways und die Angusrinder aus Aberdeen. Ihr Fleisch zählt zum besten Rindfleisch der Welt. In Schottland verzehrt man am liebsten das sogenannte »Popeseye«, ein dünn geschnittenes Rumpsteak. Schottisches

Schaffleisch gilt als Delikatesse und findet sich nicht nur im Haggis, sondern in zahlreichen Eintöpfen, Pies und in der traditionellen Suppe Scottish Broth, die selbst die Engländer als leckerste Suppe ganz Britanniens anerkennen.

Die Highlands liefern außerdem viel Wildbret, Hirsch, Hase und Fasan finden sich auf den Speisekarten, aber auch das Moorhuhn, das traditionell am 12. August gejagt wird. Man bereitet daraus das sogenannte »Grouse«. Dazu lässt man das Moorhuhn mindestens drei Wochen lang abhängen, bis die Federn von selbst ausfallen, wenn man versucht, das Huhn daran hochzuheben. Ob es daher kommt, dass »Grouse« so ähnlich klingt wie das deutsche »Graus«?

Die Küstennähe und der Reichtum an Binnengewässern sorgen dafür, dass auch Fisch ein wesentlicher Bestandteil schottischer Kost ist. Besonders beliebt ist Lachs, der in den Lochs und Flüssen gefangen und an der Küste auch in Fischfarmen gezüchtet wird. Aus den Binnengewässern kommt die Forelle auf den Tisch, während das Meer Heringe liefert, die hier zu sogenannten »Kippers« geräuchert werden. Schellfisch – Haddock – findet sich im allseits beliebten National-Fast-Food »Fish 'n' Chips«. Auf den Shetland-Inseln bereitet man außerdem einen Fisch-Haggis aus gefülltem Fischmagen zu, das Hugga-Muggie.

Neben Fisch und Fleisch wird die schottische Küche von lagerfähigem, robustem Gemüse wie Kartoffeln, Steckrüben, Lauch, Kohl und Möhren dominiert. Dazu gibt es Getreide. Hafer und Graupen finden sich in vielen Gerichten. Brei aus Hafer oder Gerste war lange Zeit das Grundnahrungsmittel der einfachen Leute. Brot dagegen ist absolutes Stiefkind der schottischen Küche. Meist findet sich hier nur pappig-weiches Toastbrot. Eine Ausnahme ist das traditionelle Fladenbrot der Highlands, das »Bannock«.

Die reicheren Schichten importierten viele Essgewohnheiten aus Frankreich und bereicherten ihren Speiseplan mit Käse und Wein. In den Highlands gibt es Caboc, einen in Hafermehl gewälzten Frischkäse, im Grenzland zu England den Hartkäse Teviotdale und den weichen Bonchester. Der Lanmark Blue ist aus Schafsmilch und in ganz Schottland verbreitet.

Zum Tee genießen Schotten das unverzichtbare Shortbread, das sind harte, süße Butterplätzchen, die mittlerweile auch bei uns bekannt und beliebt sind. Die kleinen Kalorienbomben schmecken nämlich geradezu teuflisch gut. Außerdem reicht man wie überall auf den Britischen Inseln auch in Schottland Scones, weiche Brötchen, die mit Butter und Marmelade verzehrt werden, und unterwegs genießt man »Schottische Eier«, deren Rezept ja Sie bereits kennen.

Und wenn man sich die Schottischen Eier genauer ansieht, dann ist man gleich bei der nächsten großen Besonderheit der schottischen Küche: Hier wird so ziemlich alles frittiert, was sich frittieren lässt. Nichts bleibt unfrittiert, man stopft alles Erdenkliche in einen Teig, und ab geht's ins siedende Öl.

So unglaublich es klingen mag, den Schotten ist es sogar gelungen, Butter zu frittieren! Diese fetttriefende Spezialität gibt es in der Edinburgher Kneipe »The Fiddler's Elbow«. Tiefgefrorene Butter wird in einen Teig gesteckt, der aus Mehl und Irn-Bru besteht, einer Limonade, zu der wir gleich noch kommen werden. Fertig frittiert wird das Ganze dann mit Irn-Bru-Eis serviert und heißt »Braveheart Butter Bomb«. Alternativ können Sie aber auch frittierte Mars-Riegel bekommen. Guten Appetit!

Wie überall in Britannien beginnt man den Tag mit einem üppigen Frühstück, das ist eine der wenigen englischen Sitten, die erfolgreich in die schottische Küche eingezogen sind – ein anderes Beispiel sind die unvermeidlichen Fish 'n' Chips. Das

Mittagessen ist deutlich bescheidener, die Hauptmahlzeit nimmt man am Abend zu sich.

Zu trinken gibt es Whisky, was sonst? Wer dessen rauchigen Geschmack und hohen Alkoholgehalt nicht so gerne mag, hat die Wahl zwischen schwarzem Tee, einheimischen Beerenweinen, Starkbier oder Irn-Bru. Letzteres ist eine schottische Spezialität, ein Softdrink, der hier sogar der Coca-Cola den Rang abgelaufen hat. Es ist eine leuchtend orange und ziemlich süße Limonade, ihr Rezept ist mindestens so geheim wie das von Coca-Cola. Passend zum eigenwilligen Humor der Schotten macht Irn-Bru vor allem durch skurrile bis makabre Werbespots auf sich aufmerksam. Gerne werden hier soziale Randgruppen auf die Schippe genommen, was diese verständlicherweise nicht immer komisch finden. Und Tierschützer gehen auf die Barrikaden, wenn Irn-Bru zum Beispiel die Kuh auf der Weide sagen lässt: »Wenn ich mal ein Burger bin, möchte ich mit Irn-Bru runtergespült werden.«

Nach so viel Theorie über schottisches Essen wird es aber höchste Zeit für eine praktische Erfahrung vor Ort! Es ist ein ungemütlicher Winterabend, ich bin in einem typischen Pub irgendwo in den Highlands gelandet, um mich aufzuwärmen.

Hier in der schottischen Kneipe geht es recht feierlich zu. Der düstere Raum ist nur mit Kerzen beleuchtet, in der Ecke knistert ein Kaminfeuer. In der Mitte des Gastraums steht ein Dudelsackspieler und trägt ein Reel vor, das ist ein traditioneller schottischer Tanz in rasant schnellem 2/2-Takt, dem sogenannten »alla breve«.

Als er fertig ist, tritt der Wirt vor und rezitiert ein Gedicht. »Fair fa' your honest, sonsie face, great chieftain o tha puddin'-race!«, hebt er mit tiefer, wenn auch vom großzügigen Whiskygenuss leicht bebender Stimme an. Ich verstehe nur Bahnhof. Puddingrasse? Was soll denn das bedeuten?

Dann, während er weiterrezitiert, begreife ich allmählich, dass ich so wenig verstehe, weil das Gedicht im schottischen Dialekt, dem sogenannten »Scots« verfasst ist.

Mitten im Vortrag kommt eine Frau aus der Küche in den Gastraum. Sie trägt ein Tablett mit einem hitzedampfenden Haggis zu dem Wirt, der seine Stimme hebt und einen blitzenden Dolch in die Höhe hält. »An cut ye up wi ready slight!«, ruft er und lässt den Dolch herabsausen. Ich bin starr vor Schreck – doch der Dolch landet nur im heißen Haggis und teilt ihn in zwei Teile. Die Innereien laufen aus und ergießen sich über die Platte, die Menschen im Gastraum klatschen begeistert – was geht hier vor?

Es ist Burns Supper. Alljährlich am 25. Januar gedenkt man des schottischen Nationaldichters Robert Burns, der sich mit zahllosen auf Scots verfassten Gedichten und Liedern in die Herzen der Schotten geschrieben hat. Seine Texte sind sehr emotional und befassen sich mit Schottlands Natur, seinen Traditionen und Menschen. Von ihm stammt übrigens die Zeile »Gin a body meet a body comin thro the rye«, die J. D. Salinger in seinem berühmten Jugendprotestbuch »The Catcher in the Rye« aufgriff und daraus den »Fänger im Roggen« machte.

Das Gedicht von Burns, welches der Wirt heute Abend rezitiert hat, heißt »The Address to a Haggis« und ist eine Hymne auf den Haggis. Zum Haggis reicht man Steckrübe und Kartoffeln, und damit alles besser verdaulich ist, fließt der Whisky in Strömen. Zum Trost für alle, die diese Zusammenstellung nicht glücklich macht, gibt es hinterher ein köstliches Trifle, das ist eine üppige Süßspeise aus Biskuit, Früchten, Sahne und Vanillepudding. Jedes Jahr wird dieses Ritual überall in Schottland mit dem immer wiederkehrenden, stets gleichen Ablauf zelebriert.

Während nun einer nach dem anderen aufsteht und eine whiskyselige Rede über das Werk des großen Dichters hält, schaue ich mich noch einmal um. Die Männer tragen ausnahmslos Schottenröcke und Clan-Tartan. Wieso eigentlich?

Damit wollen wir uns im nächsten Kapitel befassen.

Beef Olives – schottische Rinderrouladen

Zutaten für 4 Personen:

800 g Rinderrouladen	1 unbehandelte Zitrone
4 Scheiben magerer Speck	1 Ei
2 Zwiebeln	3 Zweige Blattpetersilie
150 g Paniermehl	50 g Butter
100 g Rindertalg (falls	1 El Speiseöl
nicht erhältlich, ersatz-	600 ml Starkbier
weise Schweine- oder	100 g Mehl
Butterschmalz)	Senf
1 Tl Rosmarinnadeln	Pfeffer, Salz

Zubereitung:

Die Zwiebeln schälen, eine davon fein würfeln, die andere in Ringe schneiden. Die Petersilienblättchen abzupfen und fein hacken. Die Rosmarinnadeln hacken. Den Speck in kleine Stücke schneiden. Die Zitrone waschen, die Hälfte ihrer Schale mit dem Zestenschneider hauchdünn abschälen und kleinschneiden, die Zitrone danach auspressen. Anschließend für die Füllungsmasse die Zwiebelwürfel, den Speck, die Petersilie, den Rosmarin, die Zitronenzesten, 2 El des Zitronensafts, das Ei und den Rindertalg mit dem Paniermehl gut vermengen, salzen, pfeffern und die Masse gleichmäßig durchkneten.

Das Fleisch in kleine Rouladen teilen (etwa 15 x 7 cm) und mit dem Fleischklopfer flachklopfen. Anschließend auf der Innenseite dünn mit Senf bestreichen, und danach die Füllungsmasse gleichmäßig auf den Rouladen verteilen. Zusammenrollen und jeweils mit einer Rouladennadel oder einem Zahnstocher fixieren. Die Rouladen gut im Mehl wälzen.

Die Butter und das Öl in einem Bräter erhitzen und die Rouladen darin rundum bräunen. Dann die Rouladen herausnehmen und das restliche Mehl in dem Fett, das im Bräter verblieben ist, anschwitzen. Mit dem Bier ablöschen, unter Rühren aufkochen, salzen und pfeffern. Vom Herd nehmen, die Rouladen zurück in den Bräter legen und mit den Zwiebelringen belegen.

Den Backofen auf 180°C vorheizen, und den Bräter mit Deckel hineinstellen. 2½ Stunden lang backen, dann die Rouladen mit Kartoffeln und gesottenem Gemüse (z. B. Möhren oder Steckrüben) servieren.

Free Scotland!
Von Tartans, Kilts und Clans

Robert de Bruce ließ sich nicht unterkriegen. Er war unbeugsam, kein Rückschlag konnte ihn von seinem hehren Ziel
abbringen: das geliebte Schottland endlich von der Herrschaft
durch das verhasste England zu befreien. König Eduard von
England allerdings war unerbittlich in Roberts Heimat vor-
gedrungen, besiegte die kämpfenden schottischen Gruppen
immer wieder mit seinen Truppen und demütigte die Unterle-
genen zutiefst. Den von den Schotten hochverehrten Freiheitskämpfer William Wallace hatte Eduard gnadenlos hinrichten
lassen. Das war zu viel! Robert de Bruce schloss einen geheimen
Pakt mit den anderen Führern Schottlands und ließ sich zum
König wählen – wenn auch zu einem König ohne Königreich.

Um dieses Königreich von den Engländern zurückzuer-
obern, griff Robert die militärisch überlegenen Feinde mit
seinen Verbündeten immer wieder aus dem Hinterhalt an
und wurde mit der Zeit ein Meister der Guerillataktik. Auf
die Dauer wirkte sich diese Vorgehensweise zermürbend auf
die Engländer aus. Es gelang Robert de Bruce schließlich, sie
zur Waffenruhe zu zwingen, und 1328 war es endlich so weit:
König Eduard erkannte zähneknirschend die Unabhängigkeit
Schottlands an.

Wenn auch diese Unabhängigkeit nicht von Dauer sein
sollte, so erreichte Robert de Bruce doch vor allem eines:

Er schaffte ein Zusammengehörigkeitsgefühl zwischen den schottischen Clans. Ganze 21 dieser stolzen Familienverbände zogen unter seiner Führung gemeinsam in die Schlacht gegen die Fremdherrschaft, ein Verbund, der bis dato völlig undenkbar gewesen war.

Denn die Clans hatten Schottland strikt untereinander aufgeteilt und standen sich nicht gerade freundschaftlich gegenüber. Immer wieder kam es zu Fehden und kriegerischen Auseinandersetzungen, die Sieger übernahmen das Land der Verlierer und führten diese in die Leibeigenschaft. Sie waren stolze, raue Gesellen, hausten in den Highlands und schützten ihre Gebiete mit mächtigen Trutzburgen.

Um das traditionelle Clansystem der Highlands zu verstehen, müssen wir zunächst einmal klären, was darunter zu verstehen ist. Das Wort »Clan« stammt vom gälischen »clann«, was so viel wie »Abkömmlinge« oder »Familie« heißt. Entsprechend umfasste ein Clan eine größere Gruppe von Menschen, die eine bestimmte Gegend der Highlands bewohnte und miteinander verwandt war. Meist stammten sie aus einem bestimmten Tal, »Glen« genannt, oder von einer Insel. Sie alle konnten ihre Wurzeln auf einen bestimmten Ahnherrn zurückführen, nach dem sie ihren Clan-Namen »Mac…« führten. So heißen die Clans beispielsweise MacKenzie, McGregor (das »a« fällt auch schon mal weg), MacLean oder MacDonald.

Innerhalb des Clans herrschte eine strenge Hierarchie. An der Spitze stand der Chief, eine Position, die sich bis auf den heutigen Tag erhalten hat. Seit der Einigung zwischen den Clans, die Robert de Bruce im Widerstand gegen die Engländer erreichte, gibt es außerdem den »Lord Lyon King of Arms«, den »Wappenkönig« von Schottland, der über die Rechte der Clan-Chiefs wacht. Er ist außerdem für die Heraldik Schottlands zuständig und als einziger dazu berechtigt, neue Wappen zu verleihen. Weil er dem entsprechenden Gerichtshof vorsitzt, muss er studierter Jurist sein. Das Ganze wird in Schottland sehr ernst genommen, es unterliegt einer strengen Gesetzbarkeit sowie traditionellen Regeln und Vorstellungen, die für Festlandseuropäer nicht unbedingt so leicht nachvollziehbar sind.

Nach dem Clan-Chief folgen in der Hierarchie die Chieftains, ihrerseits Oberhäupter jeweils einer bedeutenden Familie innerhalb des Clans. Sie sind gegenüber dem Clan-Chief für ihre Familie verantwortlich und führten früher die Krieger der Familie in den Kampf.

Außerdem gab es noch Barden und »Piper«, so nennt man Dudelsackspieler, die für die Unterhaltung der Chiefs bei Hofe zuständig waren und vor allem die Stimmung unter den Kriegern vor Schlachten anzuheizen hatten.

Doch aller Verbund und alle Struktur nutzten den Schotten letztendlich nichts. Zu stark waren die Engländer und zu beharrlich ihre immer wiederkehrenden Angriffe. Die vernichtende Niederlage fügten sie den Schotten schließlich 1746 in der Schlacht von Culloden zu, einem Moor in der Nähe von Inverness. In den darauffolgenden Monaten wurden die Clans gewaltsam entwaffnet, ihre Burgen gebrandschatzt und ihr traditionelles System zerschlagen. Noch heute empfinden die Schotten die Schlacht von Culloden als nationale Katastrophe und fürchterliche Schmach. Denn die Engländer merzten damit die schottisch-gälische Kultur aus. Die uralten Traditionen wurden verboten, allen voran das Tragen der Tartans.

Besonders diese Tartans genossen starken Symbolcharakter für die schottischen Clans. Schon die Römer berichteten davon, dass die Bewohner Schottlands ihre Kleidung einfärbten, und zwar mit den Mineralien und Pflanzensäften, die sie in ihrem jeweiligen Tal fanden. Im Laufe der Jahrhunderte entwickelten sich daraus komplizierte Karomuster, die jeweils für eine bestimmte Region typisch waren und schließlich die Zugehörigkeit zu einem Clan sichtbar machten. Das wurde aber nie streng gehandhabt, erlaubt war prinzipiell, was gefiel. Wer es sich leisten konnte, trug verschiedene und kompliziert gewebte Muster, ärmere Leute mussten sich mit einfacheren Karos bescheiden.

Nach der Schlacht von Culloden stellten die Engländer das Tragen von Tartans unter Strafe, weil sie sich insbesondere von dieser Maßnahme erhofften, die Highland-Kultur nachhaltig zerschlagen zu können. Aber der Tartan war ein starkes Symbol des schottischen Stolzes. Man konnte ihn zwar verbieten, vernichten ließ er sich nicht. Schon 1782 musste das Verbot wieder aufgehoben werden. Heute gibt es eine offizielle Regierungsbehörde, das »Scottish Register of Tartans«, in dem alle Muster registriert sind. Hierbei ist man aber durchaus liberal. Wenn Ihnen ein neues Muster einfällt, dürfen auch Sie es dort registrieren lassen. Das kostet lediglich eine Gebühr, die bei ungefähr 70 Pfund liegt.

Der Tartan ist ein gemusterter Wollstoff. In früheren Zeiten trugen die Schotten diesen Stoff als Plaid, eine Art Wolldecke, die sie sich um die Schultern schlangen. Es heißt, dass es im 18. Jahrhundert einen Stahlwerksbesitzer gab, der diese Art der Bekleidung nicht nur als unpraktisch, sondern im Rahmen der beruflichen Tätigkeit auch als gefährlich empfand. Deshalb schnitt er den Plaid kurzerhand ab und nähte ein paar Falten hinein, dem früheren Faltenwurf des Plaids nachempfunden. Damit war der Schottenrock erfunden! Man nennt ihn »kilt«, er ist ein Wickelrock, der nur bis oberhalb der Knie reicht und dessen Tragen ausschließlich Männern vorbehalten ist. Für Frauen gibt es »kilted skirts«, Röcke, die durchaus auch länger oder kürzer als ein Kilt sein dürfen.

Heute werden die Kilts in Schottland nur noch zu besonderen Anlässen, bei Festen oder Sportveranstaltungen getragen. Es gibt mittlerweile auch Billig-Kilts aus Baumwolle oder aus Polyester, außerdem Designer-Kilts aus Jeansstoff oder aus Leder. Der echte Kilt braucht an die acht Meter Wollstoff, ist kompliziert gefaltet und hat am unteren Ende keinen Saum, sondern die Webkante, da er mit dieser abschließt. Achten Sie darauf, wenn Sie vor Ort einen Schottenrock erwerben wollen!

Und wie ist das jetzt mit der Unabhängigkeit von England? Weder die Engländer noch die Schotten sind hundertprozentig glücklich über ihre Staatsgemeinschaft. Die Schotten haben ihre eigene Bank, ihre eigene Kirche und treten bei Fußballmeisterschaften mit ihrer eigenen Nationalmannschaft an.

Trotzdem hat sich am 18. September 2014 beim Unabhängigkeitsreferendum die Mehrheit der Bürger Schottlands für den Verbleib in der Union ausgesprochen. Ihr Votum hätte der Weg in eine prosperierende Zukunft auf der Basis freiwilliger Vereinigung sein können.

Doch diese Entwicklung ist durch den Brexit erneut infrage gestellt. Die Schotten haben beim Referendum im Juni 2016 mehrheitlich für den Verbleib in der Europäischen Union gestimmt. Nachdem die Gesamtheit der Briten jedoch knapp für den Austritt votierte, wurden in Schottland die Stimmen, die eine Unabhängigkeit fordern, wieder deutlich lauter. Ein erneuter diesbezüglicher Volksentscheid könnte deshalb wahrscheinlicher werden, wenn nach der zähen und chaotischen Durchsetzung des Brexits auch dessen Folgen unerfreuliche Auswirkungen haben und keine tragfähige Lösung für die Zukunft zustande kommt.

Baked Salmon – gebackener Lachs

Zutaten für 4 Personen:

4 Lachsfilets
100 g gewürfelter Speck
1 Zwiebel
60 g Butter
1 El gehackter Estragon

2 El Zitronensaft
Pfeffer
Salz
Butter zum Einfetten
150 g Crème fraîche

Zubereitung:

Die Zwiebel schälen und klein würfeln. Die Butter in einer Pfanne erhitzen und die Zwiebelwürfel darin glasig andünsten. Dann den Speck dazugeben und 3 bis 4 Minuten lang braten. Zum Schluss den Estragon und den Zitronensaft unterrühren.

Den Backofen auf 200°C vorheizen. Eine ofenfeste Form mit Alufolie auslegen, die auf der Oberseite gut mit Butter eingefettet ist. Die Lachsfilets darauflegen, salzen, pfeffern und mit dem Zwiebelspeck bedecken. Dann die Alufolie zu einem Päckchen verschließen und das Ganze 25 Minuten lang im Ofen backen.

Vor dem Servieren auf jedes Fischfilet etwas Crème fraîche geben. Mit frischem Brot und Salat servieren.

Von Schein und Sein – das Rätsel um Nessie

Der Tag neigte sich schon dem Abend zu, als Columban und sein Gefährte Luigne ein Dorf erreichten. Sie fühlten sich reichlich müde und hofften deshalb auf ein Obdach für die Nacht. Columban war ein irischer Mönch, der durch das Land der Pikten reiste, um diese zum Christentum zu bekehren, und Luigne stand als Novize unter Columbans Obhut. Ihre Wanderung führte die beiden durch die Highlands, in denen das eigenwillige und stolze Piktenvolk lebte. Beharrlich wanderten die beiden durch die einsamen Täler von Ort zu Ort, immer weiter, um die Botschaft zu überbringen, die frohe Botschaft von ihrem Herrn Jesus Christus. Ihre Aufgabe stellte sich nicht immer einfach dar, denn die bärbeißigen Pikten waren ihrem Naturglauben sehr verbunden. Überall sahen sie Geister, geheimnisvolle Zwergvölker und grüne Feen. Sie huldigten einer Unzahl von Göttern, die sie in allem zu sehen vermeinten, was ihr wildes Land ihnen zeigte, in den Felsen, in den Bäumen, in Nebelschwaden, in Wildbächen oder gar in einem kraftvollen Stier. Welche Menschen würden Columban und Luigne nun in diesem Dorf antreffen?

Sie fanden die Dörfler in tiefem Kummer. Denn diese beerdigten gerade einen der ihren, den jungen Bauernburschen Alastair. Er hatte am Ufer des Flusses Ness, an dem der kleine Weiler lag, nach Forellen geangelt, als sich ein fürchterliches

Monster aus den Fluten erhob, Alastair angriff und mit sich ins Wasser riss. Die Männer des Dorfs versuchten noch, ihm zu Hilfe zu kommen, nahmen ein Boot und ruderten hinaus, allein, sie vermochten nur noch seinen leblosen Leib herauszuziehen.

Das, so dachte sich Columban, musste ein Zeichen des Herrn sein. Denn es schenkte ihm die Möglichkeit, den Dörflern die Macht des einzigen und wahren Gottes zu demonstrieren! Unverzüglich befahl Columban seinem Zögling Luigne deshalb, durch den Fluss Ness hindurchzuschwimmen. Starr vor Furcht standen die Dorfbewohner am Ufer, als der junge Mann todesmutig in die Fluten stieg. Und wirklich, aus den Wassern erhob sich das grauenhafte Monster, um Luigne anzugreifen!

Da trat Columban vor, machte das Zeichen des Kreuzes und rief in herrischem Ton: »Geh nicht weiter! Berühre diesen Mann nicht! Weiche sofort zurück!« Und das Wunder geschah. Denn umgehend hielt die grausame Kreatur inne, dann wich sie zurück, als würde sie von Seilen gezogen, und floh schließlich voller Furcht. Columban und Luigne priesen Gott ob dieses Mirakels, und die Pikten stimmten begeistert in die Lobpreisung ein. Fortan folgten sie dem Gott der Christen, der ein solches Wunder vollbrachte, dass vor seiner Macht selbst Monster zurückwichen. Columban lächelte zufrieden. Wieder war ein heidnischer Stamm überzeugt worden, und wieder hatte Gott seine Macht gezeigt.

Diese Geschichte schrieb Adomnán auf, der Abt von Iona, einer kleinen Insel vor der Westküste von Schottland, und zwar 100 Jahre, nachdem sie sich zugetragen hatte. Das geschah im 7. Jahrhundert, die erste überlieferte Begegnung mit einem Ungeheuer in der Gegend von Loch Ness konnte damit auf das Jahr 565 datiert werden.

Handelte es sich wirklich um die legendäre Nessie oder einen ihrer Vorfahren, den Columban damals in die Flucht trieb? Zunächst einmal muss man festhalten, dass die Begegnung nicht im Loch Ness, sondern im Fluss Ness stattfand. Der Ness fließt vom Loch Ness in Richtung Inverness und mündet dort ins Meer. Er ist nur zwölf Kilometer lang, allerdings ist er mit den Gewässern des Great Glen verbunden und führt eine enorme Wassermenge mit sich. Genug Platz also für ein ausgewachsenes Monstrum. Auf der anderen Seite aber auch eine Möglichkeit für einen größeren Meeresbewohner wie zum Beispiel ein Walross, sich durch den Fluss ins Landesinnere zu verirren.

Nach jener Begegnung im 6. Jahrhundert blieb es jedenfalls sehr lange still um Nessie. Erst 1527 berichtete man erstmals wieder von der Sichtung eines Monsters. Im selben Jahrhundert stieg das Ungetüm aus den Fluten des Loch Ness empor und tötete drei Männer. So notierte es jedenfalls ein zeitgenössischer Chronist.

Die Gerüchte um ein unbekanntes Wesen, das in den Tiefen von Loch Ness existierte, hat man sich seit jenen Tagen in Schottland gerne erzählt. Denn hier liebt man Schauergeschichten und Märchen, in denen sich allerlei Fabelwesen tummeln. Der wirkliche Durchbruch gelang Nessie jedoch erst im Jahr 1933. Das Tagesblatt aus Inverness brachte eine Reportage über ein Monster, das ein Ehepaar angeblich am Loch Ness beobachtet hatte. Dieses Wesen sei keiner bekannten Art zuzuordnen gewesen und habe vor dem Auto der Eheleute die Straße überquert, um im Loch Ness zu verschwinden. Die beiden beschrieben seinen Körper als mehr als einen Meter hoch und etwa siebeneinhalb Meter lang, sein Hals aber sei so dick wie ein Elefantenrüssel gewesen und an die vier Meter lang. Es schlängelte sich ohne erkennbare

Gliedmaßen über die Straße und tauchte dann im 20 Meter entfernten Loch ab.

Die damals gerade entstehende Massenkommunikations-gesellschaft setzte umgehend ihr Mahlwerk in Gang: Scharen von Reportern machten sich auf den Weg zum Loch Ness, es entstand ein riesiger Medienhype. Gab es dort oben im fernen Schottland eine neue Weltsensation? Ein Zirkus schrieb die für die damalige Zeit ungeheure Summe von 20.000 Pfund für die Ergreifung des Monsters aus. Vermutlich hätte sich die Investition wieder bezahlt gemacht, doch leider blieb alle Fahndung nach Nessie zunächst ohne Erfolg.

Dann, im Herbst 1933, geschah es: Ein Student der Tiermedizin fuhr nachts bei Mondschein auf seinem Motorrad am Ufer des Lochs entlang, als plötzlich ein Wesen vor ihm auftauchte und es beinahe zu einer Kollision gekommen wäre, die der Student nur durch beherztes Verreißen seines Motorrads vermeiden konnte. Das Untier habe einen kleinen Kopf und einen langen Hals gehabt, so berichtete er später, sei über die Straße gehuscht und unversehens im Wasser von Loch Ness untergetaucht. Er habe noch versucht, der Bestie zu folgen, doch fort sei sie gewesen! Als angehender Tierexperte klassifizierte er seine Sichtung als Hybriden zwischen Seehund und Plesiosaurus. Böse Zungen behaupteten allerdings später, er habe bloß eine fantasievolle Ausrede für seinen Motorradunfall erfunden …

Denn die Straße am Loch Ness war unwegsam und steinig. Bestimmt gestaltete es sich nicht leicht, sie mitten in der Nacht auf einem Motorrad zu befahren. Der mobile Fortschritt machte aber auch vor Loch Ness nicht halt. Im gleichen Jahr, 1933, begann man damit, die um das Loch herumführende Straße auszubauen. Das brachte Arbeiter und in der Folge Touristen ans Loch Ness, und es geschah, was geschehen musste: Die Zahl der Sichtungen von Nessie stieg sprunghaft an.

Noch 1933 gelang endlich das erste Foto: Es zeigt ein großes Tier im Wasser des Loch Ness. Bedauerlicherweise ist das Bild nicht besonders scharf, und missgünstige Betrachter behaupteten später gar, es zeige nur einen badenden Hund.

Das vielleicht berühmteste Fotoportrait von Nessie entstand im darauffolgenden Jahr. Der Gynäkologe Dr. Wilson knipste ein plumpes Wesen, dessen langer Hals mit kleinem Kopf schwanenförmig aus dem Wasser ragte. Weil Dr. Wilson seinen Namen nicht mit der Veröffentlichung dieses Bildes in Zusammenhang sehen wollte, ging es als »Surgeon's Photograph« – Foto des Chirurgen – in die Geschichte der Nessie-Dokumentationen ein. Es wurde immer wieder aufs Neue analysiert, ohne dass man sich auf ein wirklich klares Ergebnis einigen konnte.

Dann, 60 Jahre später, outete sich jemand mit der Behauptung, dieses Foto als junger Mann gemeinsam mit seinem Schwiegervater gefälscht zu haben. Nessie sei nichts anderes als ein Spielzeug-U-Boot gewesen, das er bei Woolworths gekauft und dem er einen Hals aus Gips und Holzspachtelmasse verpasst habe. Den Gynäkologen Dr. Wilson habe er dann überredet, das Foto an die Zeitung weiterzureichen. Ob diese Behauptung der Wahrheit entspricht, ist allerdings umstritten. Manche vertreten auch die Ansicht, auf dem Foto sehe man einen badenden Elefanten eben jenes Zirkus, dessen Direktor ein Kopfgeld auf die Ergreifung Nessies ausgesetzt hatte. Alles nur ein Werbegag? Der Arzt Dr. Wilson jedenfalls hat bis zu seinem Tod im Jahr 2001 auf der Echtheit seines Fotos bestanden.

Viele andere haben sich in den Jahrzehnten auf die Lauer gelegt, um Nessies Existenz zu beweisen. Manche harrten mitunter tage- und monatelang aus, um endlich ein Fotodokument von Nessie beizubringen, und manch einer ließ sich schließlich entnervt dazu hinreißen, ein solches Foto einfach zu fälschen. Diese Hoax-Bilder ließen sich allerdings stets leicht entlarven.

1938 entstanden erste Filmaufnahmen durch einen Touristen aus Südafrika. Der Sturkopf weigerte sich jedoch, sein Filmmaterial der Loch-Ness-Forschung zur Verfügung zu stellen. Ein Biologe und Kryptozoologe, der ausnahmsweise doch einen Blick darauf werfen durfte, behauptete, das Filmdokument sei echt. Ein weiterer Film aus den Sechzigerjahren zeigt eine Art Buckel, der das Wasser durchkreuzt und dabei ziemliche Wirbel verursacht. Leider ist die Qualität zu schlecht, um Genaueres feststellen zu können. 1972 entstanden Unterwasseraufnahmen, die einer amerikanischen Hobbyforschergruppe gelangen. Sie zeigen eine Art Flosse, sind allerdings auch nur von minderwertiger Bildschärfe.

2007 wurde ein Film gedreht, der ein etwa 15 Meter langes, dünnes Wesen zeigt, das Loch Ness mit immerhin zehn Stundenkilometern durchquert. Und 2014 schließlich entdeckten zwei Nerds unabhängig voneinander Nessie auf den Satellitenbildkarten von Apple. Dort können Sie nun selbst nachsehen und sich eine eigene Meinung bilden.

Wer aber ist Nessie? Die Ungeheuergemeinde hat zweierlei Habitus beschrieben: Zum einen eine Art Seeschlange, die während der Fortbewegung im Wasser mehrere hintereinanderliegende Buckel an dessen Oberfläche sehen lässt, zum anderen ein Wesen mit länglich-ovalem Körper, langem Hals und kleinem Kopf.

Manche Nessie-Forscher und Kryptozoologen tendieren wegen letzterer Beschreibung zu der These, es handle sich bei Nessie um einen überlebenden Plesiosaurus, ein Meeresreptil, das gegen Ende der Kreidezeit ausstarb. Die Plesiosaurier wurden zwischen drei und 15 Meter lang, manche vielleicht sogar bis zu 20 Meter. Sie glitten wie Pinguine oder Otter durchs Wasser und ernährten sich von Fischen. Rein äußerlich wirkten sie ein bisschen wie Riesenpinguine mit überdimensional langem Hals und zu klein geratenem Kopf.

Gegen diese Theorie spricht allerdings so allerhand. Zunächst einmal müsste es eine ausreichend große Familie von Plesiosauriern geben, um den Fortbestand der Art zu garantieren. Diese Tiere müssten regelmäßig an die Wasseroberfläche kommen, denn sie benötigen Luft zum Atmen. Das wiederum sollte doch zu einer weitaus größeren Zahl von Sichtungen führen.

Und letztendlich entstand das Loch Ness selbst erst am Ende der letzten Eiszeit, zu einer Zeit, als die Plesiosaurier längst ausgestorben waren. Dem halten überzeugte Vertreter der Plesiosaurierthese entgegen, dass das immerhin bis zu 230 Meter tiefe und 36 Kilometer lange Loch Ness möglicherweise eine unterseeische Verbindung zum Meer haben könnte, eventuell mit verborgenen Luftkammern, also genug Platz und Versteckmöglichkeiten für Nessie.

Wie erklären Skeptiker die Erscheinungen am Loch Ness? Wissenschaftler führen ernüchternd profane Dinge an: verirrte Robben, schwimmende Hirsche, Wasservögel, Holzstämme, große Störe, Unterwasservulkanismus und Luftspiegelungen. Genuntersuchungen ergaben zudem, dass es im Loch Ness ein außergewöhnlich hohes Vorkommen von Aalen gibt. Diese Aale können zudem bemerkenswerte Größen erreichen.

Außerdem gibt es am Loch Ness eine topografische Besonderheit, die zur Entstehung von sogenannten Seichen führt. Das sind stehende Wellen, hervorgerufen durch Brandungswellen, die vom Flussufer zurückreflektiert werden, sich dann mit entgegenkommenden Wellen vereinen und sich mit diesen gegenseitig überlagern. Diese Seichen gleiten aufgerichtet durch das ansonsten ruhige Gewässer und bieten sich geradezu an, mit einem unbekannten schwimmenden Objekt verwechselt zu werden. Sie sind gar nicht so selten zu beobachten, ich habe sie bei der Fahrt entlang des Lochs selbst gesehen.

Mehrfach wurden die Tiefen des Loch Ness wissenschaftlich erforscht. Zwar stieß man immer wieder einmal auf etwas Größeres, das sich nicht zuordnen ließ, Beweise für die Existenz Nessies konnten jedoch bislang nicht erbracht werden. Im Jahr 2003 ließ die BBC das Loch sogar mit 600 Sonarstrahlen absuchen – nichts.

Ich habe lange am Ufer gesessen und hinausgeschaut. Das mysteriöse Etwas, das sich endlich in der Ferne auf der dunkel-metallisch glänzenden Wasseroberfläche zeigte, entpuppte sich enttäuschenderweise bloß als Ruderboot.

Wer Nessie sehen will, muss schon das Loch Ness Centre in Drumnadrochit besuchen. Diese Ausstellung am Ufer des Lochs zeigt alles, was man über Nessie herausgefunden hat und untermalt das Ganze mit Lasereffekten, digitalen Projektionen und sonstigem Schnickschnack. Nessie steht durch die »Animals Acts of Scotland« von 1912 offiziell unter Artenschutz. Aus gutem Grund. Denn ihr Wert für die Tourismuswirtschaft ist nicht unbeträchtlich.

Ist es wirklich denkbar, dass ein unbekanntes Wesen existiert und sich erfolgreich allen Nachforschungen entziehen kann, und das in der heutigen Zeit? Andererseits, denkt man an Malaysia-Airlines-Flug 370, verschwinden im 21. Jahrhundert ganze Flugzeuge …

Trout in Crème fraîche –
Forelle in Creme fraîche

Zutaten für 4 Personen:

4 frische Forellen	50 g Paniermehl
80 g Butter	2 kleine Zweige Dill
2 Knoblauchzehen	Salz
250 g Cremechampignons	Pfeffer
120 ml Weißwein	Butter zum Einfetten
150 g Crème fraîche	

Zubereitung:

Die Forellen ausnehmen, waschen und putzen, anschließend außen und innen pfeffern und salzen. Eine ofenfeste
Form mit Butter einfetten und die Forellen hineinlegen. Die
Knoblauchzehen kleinhacken, die Pilze putzen und vierteln.
40 g Butter in einer Pfanne erhitzen und die Pilze mit dem
Knoblauch 2 bis 3 Minuten lang darin braten. Mit dem Wein
ablöschen, aufkochen und etwas einreduzieren, danach alles
mit einem Löffel über den Forellen verteilen. Den Backofen
auf 180°C erhitzen, die Form mit den Forellen mit Alufolie
abdecken und 20 Minuten lang backen.

Den Dill kleinhacken. Die Crème fraîche zusammen mit
der restlichen Butter in einem kleinen Topf vorsichtig erhitzen, salzen und pfeffern. Das Paniermehl und den Dill unter-
mischen.

Die Alufolie von der Forellenform nehmen und die Crème-
fraîche-Masse über den Forellen verteilen. Die Grillfunktion
des Backofens einschalten und die Forellen auf der obersten
Schiene gratinieren, bis die Kruste goldbraun ist.

Mit Kartoffeln und Salat servieren.

Krone im Land der Burgen – Dunnottar Castle

Es heißt, dass es in Schottland ganze 1.400 Burgen und Schlösser gibt. 1.400! Diese Zahl muss man sich erst einmal auf der Zunge zergehen lassen … Und die Reste von römischen Kastellen sowie all die Brochs und Duns – das sind Ruinen eisenzeitlicher Türme und Befestigungsanlagen, welche man überall in Schottland und auf den vorgelagerten Inseln findet – sind hier noch gar nicht mitgezählt. Nein, wir reden nur von Burgen und Schlössern, die in der Regel seit etwa 1100 n. Chr. errichtet worden sind. Zunächst waren das wehrhafte Trutzburgen mit dicken Mauern und umgeben von tiefen Gräben. Später kamen dann sogenannte Tower Houses in Mode, Turmhäuser, die zwar weniger Schutz und Verteidigungsmöglichkeiten, dafür aber deutlich mehr Wohnkomfort boten. Bis ins 17. Jahrhundert waren diese Burghäuser beim Landadel en vogue. Dann begann man damit, ältere Bauelemente mit diesem Turmstil zu vermischen und errichtete moderne Burgen und Schlösser ohne jeden militärischen Nutzen, dafür aber hübsch und vor allem repräsentativ anzusehen.

Die schiere Zahl der schottischen Burgen macht klar, dass man überall unterwegs die Gelegenheit hat, gleich mehrere Burgen anzuschauen, ganz egal, in welcher Region Schottlands man sich aufhält. Jede einzelne davon aufzuzählen, sprengt unseren Rahmen bei weitem. Da gibt es alles, was das Herz des Fans begehrt: Verwunschene Ruinen hoch über der Küste, trutzige, düstere Türme, in denen man meint, das Kettenrasseln des Schlossgespensts zu hören, oder prachtvolle Schlösser mit herrlichen Gartenanlagen sowie einsame Trümmerhaufen geschleifter Kastelle mitten in den kargen Highlands.

Ich habe mir Dunnottar Castle bei Stonehaven an der Ostküste der Highlands ausgesucht. Schon die Bilder zeigen eine wildromantische Enklave, eine malerische Ruine auf einem Berg aus rotem Sandstein über der Nordsee, der ringsum steil abfällt. Steht man auf der Küstenklippe und schaut auf das vorgelagerte Dunnottar Castle, so erblickt man den geheimnisvollen Bau hoch oben auf dem grün bewachsenen Felsen. Die Wolkenbänder ziehen über die See bis zum fernen Horizont, und die nordische Sonne taucht die Szenerie in ihr gleißendes Licht, sobald sie zwischen den Wolken hervorlugt. Schieben sich wieder die Wolken vor die Sonne, wird es schlagartig düster, das strahlende Grün auf den Felsen erlischt zu bedrohlichen Grautönen. So wechseln die Stimmungen hin und her, während der Wind vom Meer heranbläst und die verwunschene Kulisse mit seinem leisen Singsang untermalt. All das weckt Träume von mittelalterlichen Mythen, von edlen Rittern, stolzen Burgfräulein, geheimnisvollen Magiern und märchenhaften Feen, die sich vor Zeiten hier herumgetrieben haben mögen. Es ist ein Ort voller Mystik.

Will man Dunnottar Castle besichtigen, so muss man zunächst den steilen Klippenpfad hinabsteigen, um dann auf der anderen Seite wieder zum Kastell hinaufzuklettern. Die Festungsklippe reicht 50 Meter hoch und ist nur über einen schmalen Pfad erklimmbar, der an der Unterseite durch ein Tor gesichert ist. Diese Burg war bestimmt uneinnehmbar, das sieht selbst der militärhistorische Laie. Doch was um alles in der Welt kann sie zerstört haben?

Historiker vermuten, dass schon in piktischer Zeit eine trutzige Wohnburg auf diesem Felsen stand. Frühe Aufzeichnungen belegen die Besiedlung des Burgfelsens im 7. Jahrhundert. Im 13. Jahrhundert gehörte Dunnottar den Engländern. Der Freiheitskämpfer William Wallace, von dem wir bereits gehört haben, soll die Burg 1297 von ihnen zurückerobert haben. Es gibt eine schauerliche Geschichte, die davon erzählt, dass er 4.000 der besiegten Engländer in der Burgkapelle von Dunnottar einsperren und bei lebendigem Leib verbrennen ließ. Der Mann diente übrigens als Vorbild für den Filmhelden in »Braveheart«, vielleicht hätte man ja auch eine moralisch höherstehende Vorlage finden können.

Wie dem auch sei, Dunnottar lag danach in Trümmern. Die Engländer nahmen sich des verwaisten Geländes wieder an und errichteten Neubauten, was die Schotten sich allerdings nicht lange gefallen ließen. Sie griffen Dunnottar an und schlugen alles wieder kaputt. Der schottische Clan der Keith übernahm nun die Anlage und baute sich Wohngebäude auf dem Felsen, der, so trutzig er auch zunächst auf mich wirkte, offensichtlich gar nicht uneinnehmbar ist.

Doch schien es zunächst, als könnten sich zumindest die Keith hier erfolgreich behaupten. Ihnen begann die idyllische Lage ihrer Burg zunehmend zu gefallen. Sie verschönerten die Anlage und machten ein hübsches Wohnschloss daraus, wobei sie weniger Wert auf den Aspekt der Sicherheit legten. Dunnottar wurde ein Palast, dessen luxuriöse Gebäude sich um einen schönen Innenhof gruppierten. Die großzügigen Apartments boten atemberaubende Panoramen auf die tosende Nordsee, die Kanonenluken in den Burgmauern dienten nur noch der Zierde.

Doch die dauernden kriegerischen Auseinandersetzungen zwischen Engländern und Schotten ließen den Burgherren keine Ruhe. Zum Schutz vor den Engländern wurden 1652 die schottischen Kronjuwelen nach Dunnottar eingeschmuggelt, versteckt in Säcken mit Rohwolle. Aber die Engländer hatten wohl Lunte gerochen, jedenfalls belagerten sie kurz darauf das Schloss. Die Schlossherren mussten sich etwas einfallen lassen, es heißt, sie ließen Krone, Zepter und Schwert heimlich in Körben zum Strand hinab, woraufhin die Preziosen mit Seetang bedeckt, in aller Stille fortgeschafft und unter dem Fußboden einer alten Kirche versteckt wurden.

Die durchtriebenen Engländer schafften derweil Geschütze herbei und beschossen Dunnottar vom Festland aus. Nun rächte es sich, dass die eigenen Kanonen nicht mehr als bloßer Zierrat waren. Die Herren von Dunnottar mussten schließlich kapitulieren, die Engländer überzogen sie mit heftigen Reparationszahlungen und Bußgeldern, für die Instandsetzung der Burg blieb nichts mehr übrig. Die Ruine wechselte in den folgenden Jahrhunderten immer wieder den Besitzer, doch keiner konnte sich dazu aufraffen, den Wiederaufbau in Angriff zu nehmen. Dunnottar verfiel.

Noch immer ist die Burg in Privatbesitz, doch wurden inzwischen Maßnahmen ergriffen, um zumindest den weiteren Verfall zu verhindern. Die noch vorhandenen Ruinen stammen aus dem 15. und 16. Jahrhundert und können besichtigt werden. Auch als Filmkulisse haben sie sich schon bewährt, hier entstand zum Beispiel die Hamlet-Verfilmung mit Mel Gibson von 1990.

Dunnottar Castle gilt als eine der reizvollsten Burganlagen Schottlands. Und tatsächlich ist die Atmosphäre zwischen den stillen Mauern hoch über dem Meer von einzigartigem Zauber. Meine Wahl war also offensichtlich gar nicht so schlecht!

Shortbread – schottische Butterplätzchen

Zutaten:

180 g Mehl
130 g Butter
  (Zimmertemperatur)
80 g Zucker

40 g Stärkemehl
1 Prise Salz
Mehl für die Arbeitsfläche
Zucker zum Bestreuen

Zubereitung:

Die Butter in eine Schüssel geben und den Zucker sowie ein bisschen Salz dazugeben. Mit einem Holzlöffel so lange verrühren, bis eine einheitliche, cremige Masse entstanden ist. Dann nach und nach sowohl das Mehl als auch das Stärkemehl in die Schüssel sieben und gut untermengen.

Nun etwas Mehl auf der Arbeitsfläche ausstreuen. Den Teig darauflegen und seine Oberseite ebenfalls mit etwas Mehl bestäuben. Mit dem Nudelholz ausrollen, bis der Teig etwa 1 cm dick ist. In Rechtecke von ca. 7 x 3 cm schneiden, die Ränder mit den Fingern jeweils leicht abrunden.

Den Backofen auf 170°C vorheizen und die Shortbreads mit einem breiten Messer vorsichtig auf ein mit Backpapier ausgelegtes Backblech heben. Die Plätzchen mit einer Gabel von oben nach unten ein paar Mal leicht einstechen. Auf der mittleren Schiene des Backofens etwa 25 Minuten lang backen. Die Shortbreads sind fertig, wenn sie blass braun und knusprig sind, sie dürfen nicht dunkelbraun werden. Nach dem Backen sofort mit etwas Zucker bestreuen.

Die Plätzchen nun vorsichtig mit dem breiten Messer auf einen Rost zum Abkühlen platzieren. Nach dem Erkalten in einer gut verschließbaren Blechdose aufbewahren.

Spaß ohne Handicap –
Golf in Schottland

Damn it! Diese Untertanen sind doch wirkliche Starrköpfe! Nichts als Unsinn haben sie im Kopf! Opfern für dumme Spiele sinnlos Kraft und Energie, die sie besser nutzen sollten, um sich in ihren Kampffähigkeiten zu schulen. Und das, wo die Engländer mal wieder die Grenzen bedrohen! Was soll man mit Soldaten anfangen, die keine Pfeile schießen können, dafür aber Bälle?

König James II. von Schottland war außer sich. Hier half nur eins: die Macht des Gesetzes. »It is ordanyt and decreyt, at ye fut bawe and ye golf be utterly cryt done and not usyt«, ließ er notieren, nicht wissend, dass dieses Verbot Geschichte machen sollte. Es ordnete weiterhin an, dass sich ab sofort alle Gefolgsleute durch regelmäßiges Training auf den neusten militärischen Standard zu bringen hatten – und zwar durch Übungen im Bogenschießen und nicht mehr länger im Fußball und im … Golfspielen.

James' Gesetz aus dem Jahre 1457 ist das älteste schriftliche Dokument, in dem das Golfspiel erwähnt wird. Und es wurde in Schottland verfasst. Deshalb beansprucht Schottland für sich, die Wiege des Golfs zu sein. Auch wenn neuere Forschung ergeben hat, dass das Spiel mit dem kleinen weißen Ball wohl in den Niederlanden entstanden ist und James womöglich mit der Bezeichnung »golf« eine Art von Hockey zu unterbinden versuchte. Doch was spielt das für eine Rolle angesichts der Tatsache, dass von allen Formen des Golfspiels, die es in der Frühgeschichte dieses Sports gegeben haben mag, sich allein die schottische Variante behaupten konnte? Alle anderen Spielarten sind irgendwann wieder verschwunden oder zu etwas anderem geworden. Wir können deshalb mit Fug und Recht behaupten: Schottland ist das »Home of Golf«.

Der schottische König James IV. jedenfalls bekräftigte den Erlass seines Vorgängers 1491 noch einmal. Und das, obwohl er selbst ein Fan des Golfspiels gewesen sein muss, denn sein ordentlicher Buchhalter heftete die bis heute erhaltene Rechnung über einen Golfschläger ab, den der König sich bestellt hatte. Was wohl beweist, dass das Golfspiel zumindest zu seiner Zeit in Schottland schon gebräuchlich war.

Bereits im nächsten Jahrhundert breitete sich das Spiel von Schottland ausgehend über den Rest der Britischen Inseln aus. Maria Stuart, so heißt es, brachte das Spiel nach Frankreich, und das, obwohl sie erst fünf Jahre alt war, als sie ins dortige Exil gehen musste. Vermutlich gehörte ein Golflehrer zu ihrem Gefolge, denn Tatsache ist, dass die unglückliche Schottin das Golfspiel geliebt haben muss. Es ist zumindest überliefert, dass sie nach der Ermordung ihres zweiten Ehemannes Lord Darnley unbeirrt erst einmal eine Partie Golf spielen ging. Das wurde heftig kritisiert, was ihr aber vermutlich völlig egal gewesen ist. Denn böse Zungen behaupten, dass sie an der Ermordung ihres Gatten wohl nicht ganz unbeteiligt war.

Maria Stuart ist nicht die einzige Schottin, die mit Leidenschaft Golf spielte. Es scheint, als sei es ein Virus, für den die Schotten von allen Völkern am empfänglichsten sind: Golf ist der schottische Volkssport schlechthin. Hier muss man kein Vermögen ausgeben, um Mitglied in einem elitären Golfclub zu werden. Zwar sind die strengen Regeln des Golfspiels nach wie vor im ehrwürdigen Royal and Ancient Golf Club in St Andrews niedergelegt. Doch schottische Golfplätze machen meist kein Aufheben um eine Clubmitgliedschaft und das soge-nannte »Handicap«, mit dem der Golfer nachweist, dass sein Spiel ein gewisses Niveau erreicht hat. Man braucht auf vielen Plätzen noch nicht einmal eine Ausbildung in den Grundregeln des Golfs und die bestandene Abschlussprüfung, die »Platz-reife«, nachzuweisen. Denn in Schottland geht es nicht um eli-tären Wettkampf und Sport für die Gesellschaftselite, hier geht es allein um Spaß. Und dieser Spaß scheint äußerst ansteckend zu sein, denn Schottland ist mit mehr als 500 Golfclubs welt-weit die Region mit der höchsten Golfplatzdichte pro Kopf der Bevölkerung. Freunde des Spiels finden hier alles: vom kleinen, einfachen Golfplatz irgendwo am Straßenrand über spektaku-läre Courses entlang der stürmischen Küsten bis hin zu edlen Anlagen in den wildromantischen Highlands. Ein Paradies für passionierte Golfer und die Gelegenheit zu einem unverbindli-chen Probespiel für alle, die es einfach mal ausprobieren wollen, bei uns daheim aber keine Möglichkeit finden. Denn ohne die kostspielige Begleitung durch einen Pro dürfen Anfänger hier-zulande meist nicht einmal den Fuß auf das Gelände setzen.

Aber wie ist es möglich, dass Golf in Schottland ein belieb-ter und allgegenwärtiger Volkssport ist, in der restlichen Welt aber meist ein kostspieliges und exklusives Vergnügen für eine betuchte Elite? Die Ursache dieses Phänomens muss man bei einer Whisky-Destillerie suchen, und zwar bei Johnnie Walker, um genau zu sein. Als die Firmenleitung im 19. Jahr-hundert ihre Absatzmärkte erweitern wollte und die USA ins Visier nahm, stieß man dort auf ziemliche Schwierigkeiten. Der Markt lag nämlich fest in den Händen irischer Whiskey-Produzenten. Für schottischen Whisky gab es offensichtlich keinen Bedarf.

Die Marketingexperten von Johnnie Walker erkannten aber schließlich doch noch eine Nische: die amerikanische Oberschicht. Diese Leute versprachen eine zahlungskräftige Klientel zu sein, außerdem würden sie sich von den niederen Gesellschaftsschichten absetzen können, wenn sie schottischen Whisky tränken und nicht das irische Zeug, das ja alle Welt in sich hineinschüttete. Doch wie konnte man die Elite für sich gewinnen? Da kam den schottischen Werbestrategen eine zündende Idee. Die feinen Leute in Amerika liebten das Polospiel. Das ist aber gefährlich und deshalb nicht jedermanns Sache. Für ältere Herren taugt es schon gar nicht. Deshalb gründeten die Leute von Johnnie Walker den ersten Golfclub mit sehr strengen Aufnahmeregeln – die Golfschickeria war erfunden! Es ist übrigens auch den Leuten von Johnnie Walker zu verdanken, dass 1926 der »Hole in One Award« erfunden wurde, der Preis für das Einlochen mit nur einem einzigen Schlag.

Dem anderenorts strengen Gehabe um Clubmitgliedschaft und Handicap wissen manche schottischen Golfclubs übrigens etwas entgegenzusetzen: Jedermann kann zum Beispiel im Golfclub von Dufftown Mitglied werden. Man zahlt per Kreditkarte eine geringe Jahresgebühr und schickt den ausgefüllten Mitgliedsantrag per E-Mail oder Fax nach Dufftown, schon erhält man postwendend seine Mitgliedschaftsbestätigung. Und man muss nicht einmal mühsam irgendwelche Turniere bewältigen, um sein Handicap zu erlangen: Das darf man sich auf dem Antragsformular einfach kurzerhand selbst eintragen. Die Schotten sehen das locker. Sie erzählen sich nämlich auch die wahre Geschichte von der Erfindung des Golfspiels: Es waren Hirtenjungen, die zum Zeitvertreib kleine Steine mit Stöcken über die Weiden der Highlands schlugen. Bis eines Tages plötzlich einer dieser Steine zufällig in einem Mauseloch landete …

Whisky Stroganoff

Zutaten für 4 Personen:

800 g Rinderfilet (vorzugs-
  weise aus dem Filetkopf)
1 große Zwiebel
500 g Cremechampignons
300 ml saure Sahne
1 El Zitronensaft
1 kl. Bund Blattpetersilie

80 g Butter
4 cl Whisky
40 g Butterschmalz
1½ Tl Paprikapulver
  (edelsüß)
Pfeffer
Salz

Zubereitung:

Die Zwiebel schälen und würfeln. Die Petersilienblättchen abzupfen und hacken, die Pilze putzen und in dünne Scheiben schneiden. Das Fleisch waschen, trockentupfen, parieren und in 5 cm lange Streifen schneiden, die nicht dicker als 0,5 bis 1 cm sind. Die Butter in einer großen Pfanne erhitzen und die Zwiebeln darin glasig dünsten (nicht bräunen). Das Paprikagewürz und die Pilze unterrühren, drei Minuten lang bei milder Hitze mitschmoren lassen. Dann aus der Pfanne nehmen und beiseitestellen. In der Pfanne 20 g des Butter-schmalzes sehr stark erhitzen. Die Hälfte der Filetstreifen darin kurz anbraten, dabei salzen, pfeffern und wenden. Nach 1 bis 1½ Minuten herausnehmen und das restliche Butterschmalz in die Pfanne geben, sehr heiß werden lassen und mit den verbliebenen rohen Filetstreifen verfahren wie zuvor. Das Fleisch aus der Pfanne nehmen und die Zwiebel-Pilzmischung zurück in die Pfanne geben, saure Sahne und Whisky unterrühren, kurz aufkochen und etwa 1 Minute lang köcheln lassen. Nun das Fleisch dazugeben, unterrühren und bei geringer Hitze 1 Minute lang durchziehen lassen, nicht mehr kochen. Vom Herd nehmen und den Zitronensaft sowie die Petersilie unterrühren. Mit Reis servieren.

Reise zum Jurassic Park – Glen Affric

Zwischen hohen Scots Pines, den »schottischen Pinien«, öffnet sich der Blick auf einen silbrig glänzenden See. Eng schließen sich die Bäume um sein Ufer, umgeben von hohen Bergketten. Weit und breit sieht man kein Zeichen von Zivilisation. Am Ufer strömt ein kleiner Fluss in den See hinein, ich folge seinem Verlauf über einen schmalen Pfad weiter das Tal hinauf. Die Vegetation wird noch dichter, über Geröll und Felsbrocken braust das Wasser des Wildbachs. Da ertönt ein schriller Schrei über mir, ich blicke empor: Mit riesigen Schwingen kreist ein ungeheuer großer Räuber hoch oben in der Luft. Kein Zweifel: Ich bin in der Urzeit gelandet. Oder zumindest in der Kulisse für eine Neuverfilmung von »Jurassic Park«.

Da könnte man Angst bekommen, womöglich bricht als nächstes ein Tyrannosaurus Rex durch das Dickicht. Aber ich weiß natürlich, dass ich hier höchstens ein paar Rothirsche antreffen werde. Diese Begegnung wäre allerdings gar nicht so unwahrscheinlich, denn das Tal, in dem ich mich befinde, ist voll von ihnen. Es ist eines der schönsten Naturschutzgebiete Schottlands, das Glen Affric.

Glen Affric ist etwa 30 Kilometer lang und von um die 1.000 Meter hohen Bergen gesäumt. Früher war es bewohnt, davon zeugen zahlreiche urzeitliche Funde. Doch heute lebt niemand mehr hier. Das ist Folge der »Highland Clearances«, einer brutalen Vertreibung der ortsansässigen Bevölkerung durch Großgrundbesitzer im 19. Jahrhundert. Es war die Zeit der Industrialisierung und der beginnenden Massenproduktion. Die Landeigner setzten auf ähnliche Methoden in der Viehzucht. An die Stelle kleiner Bauernhöfe sollte organisierte Massentierhaltung treten, fortan sollten riesige Schafherden die Täler beweiden.

Die Siedler in den Tälern der Highlands standen diesen Plänen natürlich im Weg. Kleinbauern und Pächter, die sogenannten Crofter, mussten deshalb gehen. Die mageren Erträge aus ihrer Pacht konnten mit dem Gewinn, der mit Wolle zu erzielen war, nicht mehr mithalten. Denn wegen des sprunghaften Bevölkerungswachstums im beginnenden Industriezeitalter explodierten die Preise auf dem Wollmarkt. Da eröffneten sich jede Menge Möglichkeiten, mit Wolle profitable Geschäfte zu machen. Die Gutsherren kamen meist aus England, sie standen den einheimischen Schotten ziemlich gleichgültig gegenüber. Im Gegenteil, es war ja Zweck der englischen Politik, das Clanwesen zu zerstören und mit ihm die schottischen Traditionen.

Innerhalb kürzester Zeit wurden ganze Dorfgemeinschaften aufgelöst. Hütten, Scheunen und Stallungen zerstörten die Schergen der Landeigner erbarmungslos. Die Menschen wurden verjagt, sie fanden bestenfalls Zuflucht an den kargen Küsten oder wanderten als Arbeitskräfte in die aufstrebenden Industriestädte des Südens ab. Viele trieb man auch mit Gewalt auf Auswandererschiffe und brachte sie zwangsweise nach Nordamerika oder Australien. Mit ihnen verschwand die gälische Sprache, nur in wenigen Küstenregionen und auf den Hebriden konnte sie überleben.

Nichts war nach diesen Säuberungsaktionen mehr wie zuvor. Menschenleere Täler mit verfallenen Steinhäusern, zwischen denen Schafe weiden, sind noch heute Zeugen dieser schlimmen Zeit. In manchen Gebieten Schottlands blieben nur noch weniger als zehn Prozent der ursprünglichen Bewohner zurück. Die Highlander bezeichnen deshalb die Schafzucht auch als die »Geißel Schottlands«.

So furchtbar diese Vertreibung für die Menschen auch gewesen ist, für die Natur im Glen Affric war sie ein Segen. Dieses lange, ringsum abgeschlossene Tal ist stark bewaldet, keine guten Voraussetzungen für die Schafzucht. So gibt es denn auch keine Herden im Glen Affric, und von der Existenz des Menschen zeugen lediglich einsame Jagdhütten und eine Jugendherberge, die man nur zu Fuß erreichen kann. Tatsächlich wurde die Bevölkerung aus dem Glen Affric zur damaligen Zeit auch nicht vertrieben, weil das Tal für die Schafzucht gebraucht wurde, sondern weil die reichen Landherren es ungestört als Jagdgebiet nutzen wollten.

Seit 2001 steht das Tal unter Naturschutz. Zuvor wurde es von der Holzwirtschaft genutzt, was dazu führte, dass man schnell wachsende Fichten pflanzte, obwohl diese hier gar nicht heimisch sind. Trotzdem hat das Glen Affric einen der größten existierenden Bestände der typischen Scots Pines, die zwar wie Pinien aussehen, in Wirklichkeit aber Waldkiefern sind. Fremde Baumarten verschwinden mittlerweile unter der Aufsicht des Forstamtes nach und nach, lediglich die bis zu 60 Meter hohen Douglasien beim Wasserfall Plodda Falls dürfen bleiben. Denn sie zählen zu den höchsten Bäumen Schottlands.

Es sind nicht nur die Bäume, die mit ihrer wildromantischen Urtümlichkeit das Glen Affric beleben. Hier gibt es eine für Schottland außergewöhnlich vielfältige Tierwelt. Rotwild bevölkert die Wälder in großer Zahl, viele seltene Vogelarten haben ein Refugium gefunden. So lebt im Glen Affric der Schottische Kreuzschnabel, ein großer, kräftiger Vogel aus der Gattung der Finken, der nur im sogenannten borealen

Nadelwald vorkommt. Das ist eine andere Umschreibung für die Taiga, den nördlichsten Waldtypus unserer Erde, ein Grüngürtel, der sich wie ein Band um die Nordhalbkugel zieht und seine größte Ausdehnung in Kanada und in Sibirien hat. Auf seinem Weg um den Erdball berührt dieser Gürtel den Norden Schottlands, wo er sich als Kaledonischer Wald wiederfindet. Seinen Namen verdankt er den Römern der Antike. Denn diese bezeichneten die Pikten aus dem Osten Schottlands als »caledonii«, deren dichter Wald galt den Römern als undurchdringbar.

Der seltene Schottische Kreuzschnabel weist die Besonderheit auf, dass er nur in den Kaledonischen Wäldern Schottlands vorkommt, und weil es davon nicht mehr so viele gibt, ist das Glen Affric eines der Stammgebiete dieses Vogels. Es gibt nur um die 1.000 Brutpaare, und erst seit 2006 ist der Schottische Kreuzschnabel als eigenständige Art anerkannt.

Ein weiterer den borealen Wäldern typischer Vogel ist das Birkhuhn, eine Art Fasan, der im Glen Affric lebt. Und weil das Tal so ausgesprochen geschützt und abgeschieden liegt, gibt es hier auch Fischadler und sogar die nach der systematischen Verfolgung in den letzten Jahrhunderten besonders selten gewordenen Steinadler. Deren Flügelspannweite beträgt bis zu 230 Zentimeter, und nun weiß ich, dass die riesigen Schwingen, die ich über mir in der Luft gesehen habe, keineswegs zu einem Flugsaurier gehörten. Es war ein Steinadler mit seiner markanten schwarz-weiß-braunen Federzeichnung. Keine seltene Beobachtung hier im wilden Glen Affric.

Und dann setze ich meine Wanderung fort, bis zu den Plodda Falls, dem mit 40 Metern höchsten und spektakulärsten Wasserfall dieser Gegend. Vielleicht gibt es ja in den Spitzen der mächtigen Douglasien, die dort wachsen, einen Adlerhorst?

Traditional Scottish game casserole – schottischer Wildeintopf

Zutaten für 4 Personen:

200 g Fasanenfleisch	500 ml Wildfond
200 g Hirschfleisch	200 ml Rotwein
200 g Hasenfleisch	ca. 100 g Mehl
60 g magerer Speck	80 g Butter
2 Zwiebeln	Salz
2 Möhren	Pfeffer
¼ Sellerieknolle	

Zubereitung:

Das Fleisch in mundgerechte Stücke schneiden und ringsum in Mehl wälzen. Zwiebeln, Sellerie und Möhren schälen und klein würfeln. Den Speck in kleine Stücke schneiden.

Die Butter in einer Kasserolle mit schwerem Boden schmelzen, das Gemüse darin braten, bis es weich ist. Sodann Fleisch und Speck hinzugeben und rundum anbräunen. Mit Fond und Rotwein ablöschen, pfeffern und salzen.

Kurz aufkochen, danach die Hitze reduzieren und das Ganze 2 Stunden lang bei schwacher Hitze köcheln lassen. Gelegentlich das Fett von oben abschöpfen. Mit Salzkartoffeln servieren.

Slàinte mhath! Prost Whisky!

Wer hat den Whisky erfunden? Seit Jahrhunderten streiten sich Iren und Schotten um diese Frage aller Fragen. Die Schotten sagen, das sind wir gewesen, und man schreibt den Namen des rauchigen Getränks »Whisky«. Die Iren halten dem entgegen, allein sie seien die Schöpfer des hochprozentigen Kultschnapses, und man schreibe das Wort mit »e«, also »Whiskey«. Wer von ihnen hat denn nun recht?

Tatsache ist, dass der ursprüngliche Name des geistigen Getränks aus dem Gälischen kommt. Das Gälische aber brachten irische Einwanderer nach Schottland, die Skoten, wir hörten bereits von ihnen. Wenn es also nicht die Iren waren, die den Whisky erfunden haben, dann entstammt zumindest sein Name ursprünglich ihrer Sprache. Im Gälischen heißt der Whisky »uisge beatha«. Das heißt so viel wie Lebenswasser oder »Aquavit«, und weil es leichter auszusprechen ist, wurde mit der Zeit einfach »Whisky« daraus.

Der Whisky wird aus vergorener Malzmaische gebrannt und reift danach in Holzfässern, was ihm sein besonderes Aroma gibt. Mindestens drei Jahre dauert dieser Reifeprozess, bei wertvollen Sorten natürlich deutlich länger.

Es heißt, dass es christliche Mönche waren, die das Wissen um die Schnapsbrennerei auf ihren Missionszügen aus dem Süden Europas mit nach Irland und Schottland brachten. Das geschah im 5. Jahrhundert. In den neu entstandenen Klöstern wurde dieses Wissen fortan kultiviert und an die örtlichen

Gegebenheiten angepasst. Die Klöster betrieben auch Gasthäuser, die mit dem Ausschank von Whisky gute Geschäfte machten. Von den Klosterbrüdern lernten die schottischen Clans die Kunst des Whiskybrennens, und mit den Jahrhunderten entwickelte jeder Clan seine eigene spezielle Methode. Die erste schriftliche Dokumentation stammt allerdings erst von 1494.

1608 erhielt die erste Brennerei ihre Lizenz. Ab dem 18. Jahrhundert wurde die Destillation industrialisiert und die Produktionsmenge stieg damit sprunghaft an, wenn auch auf Kosten der Qualität. Denn nun fing man an, verschiedene Whiskys miteinander zu verschneiden, um einen stets einheitlichen Geschmack zu erhalten. Der »Blended Whisky« war erfunden, der traditionsreiche »Single Malt« trat in den Hintergrund. Wie die Schneiden einer Schere entwickelte sich der Whiskymarkt seitdem auseinander: Der industrielle Massenwhisky auf der einen Seite, die aufwendig und meist auch mit liebevollem individuellem Dogma hergestellten »Singles« auf der anderen Seite. Wobei ein Whiskyblend immer eine bestimmte Portion Single zur Geschmacksaufwertung braucht. Aber schauen wir uns doch erst einmal die Whiskyherstellung genauer an.

Guter Whisky erfordert beste Zutaten und ein kompliziertes Herstellungsverfahren. Das fängt beim Wasser an: Jede Destillerie verwendet als Basis ihr eigenes Wasser, dessen Härtegrad sowie Gehalt an Mineralien und sonstigen Inhaltsstoffen entscheidenden Einfluss auf das Endprodukt hat. Für die Standortwahl der Brennerei ist also zunächst das dort vorhandene Quellwasser ein maßgeblicher Faktor.

Der nächste entscheidende Punkt ist das Getreide. Traditionsbewusste schottische Destillerien verwenden nur beste Gerste, die sie zu ihrem Malz verarbeiten. Denn Gerste ist nicht gleich Gerste. Es gibt neun verschiedene Qualitätsstufen, abhängig von Stärke-, Stickstoff- und Proteingehalt des Korns, von seiner Reife, Form und Trockenheit. Die Gerste wird gereinigt, getrocknet und anschließend eingeweicht. Sodann lässt man sie über mehrere Tage hinweg keimen.

In der sogenannten Darre trocknet das gekeimte Getreide dann wieder. Dazu breitet man es in Tennen aus und führt sehr warme, trockene Luft oder heißen Rauch zu. Hierbei steigen die Temperaturen im Korn, wodurch das Keimen quasi im Keime erstickt und das eigentliche Malzen in Gang gesetzt wird. Mitunter wird dieser Prozess noch durch Rösten unterstützt.

Zum Schluss wird das Getreide von Blatt- und Wurzelkeimen durch »Polieren« befreit. Die abgetrennten Teile werden als Tierfutter verwendet, das übriggebliebene Korn ist das Malz. Außer Wasser und Malz braucht der Whiskybrenner jetzt nur noch Hefe, welche die Kohlenhydrate des Korns in Alkohol umwandelt.

Das Malz wird geschrotet, mit heißem Wasser zu Maische verarbeitet und in feste und flüssige Bestandteile getrennt. Der feste Anteil dient wiederum als Viehfutter, die zuckerhaltige Flüssigkeit hingegen wird mit Hefe vermengt, die jetzt den Zucker in Alkohol umwandelt. Die Gärung dauert an, bis die Flüssigkeit fünf bis acht Prozent Alkohol enthält. Das ist nun im Grunde eine Art Bier, wobei Bier allerdings im Gegensatz zum Whisky keimarm vergoren wird.

Dann wird die Flüssigkeit destilliert und danach in Eichenfässer gefüllt. Jedes dieser Fässer hat seinen eigenen Geschmack, das Endprodukt nimmt bis zu 80 Prozent von diesem speziellen Aroma an. Erst während der Fassreifung bekommt der Whisky seine typische goldgelbe Farbe. So allerhand weitere Faktoren spielen neben dem Holz selbst für den

Geschmacksausbau eine Rolle: die frühere Verwendung des Fasses, das Kleinklima am geografischen Standort, die Bauart des Lagerhauses sowie sein spezielles Raumklima und natürlich die Dauer der Lagerung. Zur Abrundung des Endproduktes unterzieht man es mitunter auch einem sogenannten »Finishing«, wobei man den Whisky noch einmal für einige Zeit in Fässer umfüllt, in denen vorher Sherry, Weißwein, Rum, Cognac, Bordeaux oder anderes gelagert wurde, je nachdem, welche speziellen Geschmackseigenschaften der fertige Whisky aufweisen soll.

In Schottland haben sich an die 100 Destillerien auf die Whiskybrennerei spezialisiert. Schottischer Whisky ist meist zweimal destilliert, wurde mindestens drei Jahre lang in Eichenfässern gelagert, und die für seine Herstellung verwendete Gerste darrte über Torffeuern. Es gibt vier Sorten, die einfachsten sind der Grain Whisky, der nicht immer aus reinem Gerstenmalz gebrannt wird und als Ausgangsprodukt zum Mischen verwendet wird, und der Blended Whisky, das einheitliche Produkt einer Marke, das aus Grain und Malt Whisky zusammengemischt wird. Höherwertig ist der Single Malt Whisky, das Produkt einer bestimmten Brennerei. Der Single Cask Whisky stammt dagegen sortenrein aus einem ganz bestimmten Fass.

Außerdem teilen sich schottische Whiskys nach den verschiedenen geografischen Regionen auf. Nach den Lowlands, Islay (einer Insel der Hebriden), den anderen Inseln, Campbeltown auf der Halbinsel Kintyre im Westen Schottlands, den Highlands und Speyside. Hierbei gilt Speyside, eine Highland-Region entlang des Flusses Spey, als die ursprüngliche Heimat des schottischen Whiskys. Markennamen wie Glenfiddich, Glenlivet, Macallan, Glenrothes und Glenfarclas sprechen für sich.

Dort an der Speyside kann man sich auf den Malt-Whisky-Trail begeben. An dieser ausgeschilderten Route zwischen Forres, Elgin, Keith und Dufftown reihen sich die Destillerien aneinander, und viele von ihnen öffnen gerne ihre Tore für Besucher. Da kann man sich über die Herstellung informieren und in aller Ruhe ein Gläschen probieren. Slàinte mhath, wie man auf Schottisch-Gälisch sagt, zum Wohl! Und spätestens jetzt spielt die Frage, wer eigentlich den Whisky zuerst erfunden hat, auch gar keine Rolle mehr.

Raspberry and whisky cheesecake – Whisky–Himbeer–Käsekuchen

Zutaten:

Für den Boden
250 g Graham Crackers
  (ersatzweise Vollkorn-
  butterkekse)
120 g Butter
1 El Whisky (natürlich
  Scotch, wie wir jetzt
  wissen)

Für die Füllung:
80 g Zucker
300 ml Schlagsahne
250 g Magerquark
1 El Whisky

Für den Belag
3 Tl Pfeilwurzelstärke
  (ersatzweise gemahlene
  Gelatine)
30 g Zucker
250 g Himbeeren
1 El flüssiger Honig
100 ml Whisky
Butter zum Einfetten

Zubereitung:

Die Cracker in eine verschließbare Plastiktüte füllen und mit dem Nudelholz oder dem Fleischklopfer zerbröseln. Die Butter in einer beschichteten Pfanne erhitzen. 1 El Whisky dazugießen, die zerstoßenen Cracker ebenfalls daruntermischen, gut vermengen. Eine Springform mit 20 cm Durchmesser an Boden und Rand gut mit Butter einfetten, die Cracker-Mischung gleichmäßig auf dem Boden verteilen und festdrücken. Für eine Stunde in den Kühlschrank stellen.

Den Quark mit 80 g Zucker in einer Schüssel kräftig verschlagen. 250 ml Schlagsahne steif schlagen und zusammen mit 1 El Whisky unter den Quark heben. Die Masse über dem Kuchenboden in der Springform verteilen und wieder kaltstellen.

Den Honig und 100 ml Whisky gut miteinander vermengen und über die Himbeeren gießen. 30 Minuten lang bei Zimmertemperatur ziehen lassen, dann die Flüssigkeit durch ein Sieb abgießen, die Himbeeren beiseitestellen. Man braucht etwa 120 ml Flüssigkeit, sollte es weniger sein, mit etwas Whisky aufgießen. Die Hälfte der Flüssigkeit in einem Becher gut mit der Pfeilwurzelstärke vermischen (ersatzweise die Gelatine wie auf der Packung angegeben darin auflösen und wie dort vorgegeben weiter damit verfahren). Die restliche Flüssigkeit zusammen mit dem Zucker erhitzen, bis sie fast siedet, dann die Pfeilwurzelpaste einrühren. Unter Rühren weiter leicht erhitzen, bis die Masse dick wird.

Nun vom Herd nehmen, die Himbeeren einrühren und abkühlen lassen. Danach die Himbeermasse über dem Kuchen verteilen. Noch einmal 2 Stunden lang kaltstellen, dann die Springform vorsichtig lösen.

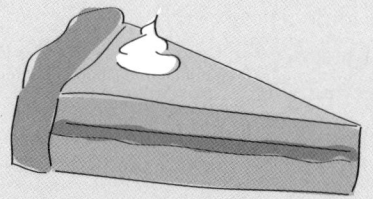

Die hohe Kunst der Repräsentation – Blair Castle

Schneeweiß hebt sich ein Schloss gegen den strahlend blauen Himmel. Eine Kulisse wie im Märchenfilm. An allen Seiten und Ecken des Bauwerks gibt es kleine Türmchen, hinter deren Fenstern man ein Schneewittchen oder zumindest die böse Stiefmutter vermuten könnte. Überall sind spitze Giebel, stilisierte Zinnen, Ecken und Winkel, es ist ein wirkliches Prachtschloss. Und noch dazu ist das Bauwerk ein ziemlich großer Kasten!

Die Männer im Kilt, die vor dem Haupteingang stehen, tragen volles Ornat. An der Frontseite ihrer Schottenröcke baumelt der traditionelle Sporran, eine Tasche für die Dinge, die ein Mann unterwegs so braucht. Bei diesen Kiltträgern ist es ein besonders auffälliger Sporran aus weißem, langem Pferdehaar. Ihr Tartan ist blau und grün kariert, mit eingewebten dünnen roten Streifen. Sie gucken ziemlich finster unter ihren dunklen Mützen heraus. Muss ich mich fürchten?

In der Tat habe ich hier die Mitglieder eines Infanterieregiments vor mir. Es sind die Atholl Highlanders, eine Einheit mit rund 125 Mann Stärke. Und sie sind eine wirklich ganz besondere Einheit: die einzige legale Privatarmee Europas! Sie unterstehen allein dem Kommando des Duke of Atholl aus dem Clan der Murray – und richtig vermutet, dem gehört das schneeweiße Schloss, das den Namen Blair Castle trägt. Aber ich glaube nicht, dass ich mich wirklich fürchten muss. Und tatsächlich lächelt einer der Kiltträger freundlich und zwinkert meinem Sohn zu, der ihn staunend betrachtet. Es scheinen friedfertige Soldaten zu sein: Die Atholl Highlanders haben sich noch niemals in ihrer Geschichte als Regiment an Kampfhandlungen beteiligt. Ihre Aufgaben sind rein zeremoniell.

Das prachtvolle Blair Castle blickt auf eine lange Geschichte zurück. Es entstand im 13. Jahrhundert und wurde im Lauf der Zeit mehrfach erobert, teilweise zerstört und wieder neu aufgebaut. Dabei haben die Burgherren es nach und nach von der Trutzburg zum Prunkschloss umgebaut. Sein heutiges Erscheinungsbild erhielt es bei seiner letzten großen Umgestaltung im 19. Jahrhundert, als der Stil mittelalterlicher Burgen gerade wieder in Mode kam. Daher resultieren die Wehrgänge und Zinnen des Bauwerks, sie sind also nichts als Zierrat.

Heute steht das Blair Castle täglich für Besucher offen, und sie kommen in Scharen, denn Blair Castle ist eines der schönsten Schlösser Schottlands. Der Schlossherr selbst lebt in Südafrika und schaut nur noch gelegentlich vorbei. Die Murrays haben in der Geschichte Schottlands eine bedeutende Rolle gespielt, aber eigentlich sind sie Zugezogene. Sie sind die Nachfahren eines flämischen Adeligen, der im 12. Jahrhundert der Einladung des Königs von Schottland folgte und sich in den Highlands niederließ. Der König schenkte dem Flamen weitläufige Ländereien, und dieser heiratete in eine ehrwürdige keltische Linie ein, was die Murrays wiederum zumindest zur Hälfte zu alteingesessenen Schotten macht. Neben ihrem Stammsitz Blair Castle haben sie noch drei weitere schottische Castles besessen.

Es ist aber nicht nur das bemerkenswerte Blair Castle, das auch ein prachtvolles Inneres mit Stuckaturen, Waffensammlung, Kunstgegenständen, Jagdtrophäen und mächtigen

Marmorkaminen aufweist, was die Besucher anzieht. Es ist der weitläufige Park, eine der schönsten klassischen Parkanlagen in ganz Schottland. Besonders hervorzuheben ist Diana's Grove, ein Wald, in dem sich mit die höchsten Bäume der Britischen Inseln befinden, einige sind mehr als 60 Meter hoch. Außerdem gibt es den »Herkulesgarten«, eine neun Hektar große Gartenanlage in georgianischem Design, mit Teichen, chinesischer Brücke, Blumenrabatten und beeindruckendem Nutzgarten mit mehr als 100 Obstbäumen. Darüber hinaus findet man die Ruinen einer Kirche aus keltischer Zeit und Reste der zugehörigen alten Siedlung, einen Abenteuerspielplatz für die jüngeren Besucher und einen Skulpturengarten.

Als ich von meinem ausgedehnten Rundgang durch die Anlagen zurückkehre, fällt mir auf, dass sich immer mehr der anfangs beschriebenen Kiltträger vor dem Schloss versammeln. Auch die Zahl der Zuschauer steigt an, was geht hier vor? Die Atholl Highlanders tragen Wachholderbüschel an ihren Mützen, das Zeichen dafür, dass heute ein besonderer Tag ist: Es ist Atholl Gathering.

Alljährlich Ende Mai kommt der Duke zum Schloss, um sein Regiment zu inspizieren. Das geschieht am Wochenende vor dem letzten Montag im Mai, dem traditionellen »Bank Holiday«, einem Frühlingsfeiertag, der so genannt wird, weil die Banken geschlossen haben. Das Atholl Gathering existiert seit vielen Generationen und dauert zwei Tage lang. Am Samstag gibt es eine Parade, das eigentliche Spektakel aber beginnt am Sonntag: die Highland Games. Was ist das nun schon wieder? Schauen wir uns das Ganze mal in Ruhe an!

Traditional Atholl Brose

Zutaten für 2 Gläser:

4 Tl Heidehonig
4 cl Scotch Whisky

6 gestrichene Tl grobes
Hafermehl

Zubereitung:

Das Hafermehl wird in einer Tasse mit etwas kaltem Wasser vermischt und so lange verrührt, bis eine dicke Paste entstanden ist. Man lässt das Ganze eine halbe Stunde lang stehen und drückt es dann mit einem Holzlöffel durch ein feines Sieb, um so viel Flüssigkeit wie möglich herauszupressen. 4 cl dieser Flüssigkeit werden nun mit dem Honig gut vermengt und zusammen mit dem Whisky in einen Shaker gefüllt. Kräftig mixen, dann in ein Glas füllen.

Dieser traditionelle schottische Likör verbindet die Süße des Honigs mit dem bitteren Geschmack von Whisky. Es existieren viele Rezepte, die seit Generationen weitergereicht werden, aber unser Rezept ist an das der Murrays angelehnt, das der Duke of Atholl selbst vor einigen Jahren veröffentlicht hat.

Die Jagd nach dem kernigsten Schotten – Highland Games

Was einst den Rittersleuten ihr Turnier gewesen ist, das sind den Schotten bis auf den heutigen Tag ihre Highland Games. Kein Sommerwochenende vergeht, an dem sie nicht irgendwo zusammenkommen, um ihre Wettkämpfe auszutragen. Kraftstrotzende Männer im Kilt zeigen dann, was sie so alles können. Und weil die Schotten Urgesteine sind, wird dabei keine Zeit mit höfischem Geplänkel vertan. Hier geht es auf ganz bodenständige Art direkt zur Sache.

Die Highland Games sind eine uralte Tradition, deren Wurzeln im dunklen Nebel der Geschichte verborgen liegen. Womöglich waren sie bereits bei den Pikten Teil der Stammeskultur. Denn im Prinzip stellten sie schon immer einen wichtigen Pfeiler der schottischen Gesellschaft dar: Von nah und fern kamen die Menschen aus den verschiedenen Clans zusammen, redeten, debattierten und feierten gemeinsam, um so ihre Strukturen zu festigen, Verbindungen aufrechtzuerhalten, Scharmützel auszutragen und das soziale Gefüge untereinander immer wieder neu zu prägen. Und das Begleitprogramm dieser »Gatherings« gestaltete sich sportlich: Im Rahmen verschiedener Wettkämpfe zeigten die Männer aus den Clans, was sie so draufhatten. Den besten winkten neben Ruhm und Anerkennung auch lukrative Jobs: Die Sieger der Kraftwettkämpfe konnten sich auf Stellenangebote als Leibwächter freuen, die schnellsten Läufer wurden als Boten rekrutiert, die Sieger der Wettbewerbe in den schönen Künsten durften einem Clan-Chief auf seine Burg folgen und dort Karriere als Entertainer machen. Deshalb waren immer auch zahlreiche Headhunter unterwegs, wenn die Männer bei den Highland Games zu ihren passionierten Spielen antraten.

Wann die Schotten mit diesen Auswahlverfahren anfingen, weiß man nicht. Erste Aufzeichnungen existieren aus dem 11. Jahrhundert, von da an gibt es immer wieder Dokumente, die auf Highland Games hinweisen. Erst die verheerende Niederlage gegen die Engländer in der Schlacht von Culloden machte dem urtümlichen Treiben 1746 ein Ende. Die Engländer verboten bekanntlich alles, was mit Clans und schottischen Gebräuchen zu tun hatte – Schluss war mit den Highland Games.

Aber Schotten sind zäh, willensstark und, wenn es darauf ankommt, auch stur. So wie sie sich das Tragen ihrer Tartans nicht dauerhaft verbieten ließen, konnte auch kein Engländer dieser Welt ihnen die Liebe zu ihren traditionsreichen Wettspielen nehmen.

Schon 1781 trafen sie sich kurz entschlossen wieder zum Wettspiel, seitdem finden die Highland Games regelmäßig statt. Und zwar überall in Schottland, aber auch an anderen Orten der Welt, wo Schotten leben oder wo sich andere von den Reizen dieser Veranstaltung in den Bann ziehen lassen. Denn die Wettkämpfe sind wahrhaft etwas Besonderes und mit kaum einem anderen sportlichen Wettkampf zu vergleichen.

Es gibt zehn verschiedene Hauptdisziplinen und an die 45 Unterrubriken, in denen die jeweils Besten gegeneinander antreten. Das sind unter anderem Wettläufe, Fahrrad-Geländerennen, Ringen, Leicht- und Schwerathletik, Geländeläufe im Kilt, Tauziehen (»Tug of War«), Tanzwettbewerbe und Dudelsackspiel. Letzteres gibt es als Einzeldisziplin und als musikalischen Gruppenwettbewerb. Was die einzelnen »Piper«, die Dudelsackspieler, hier so zum Vortrage bringen, ist oft wirklich phänomenal. Großartig wird es auch, wenn sich alle anwesenden Musiker zur »Massed Band« zusammentun und ein riesiges Orchester bilden.

Die Tänzer treten im Solo oder als Gruppe auf und zeigen ihr Können im »Country Dance«, im »Step« oder im »Highland Fling«. All dies geschieht natürlich im Kilt und macht die Highland Games zu dem schottischen Kulturevent schlechthin. Nebenbei gibt es allerlei Beköstigung für die Zuschauer, die stets in großer Schar zu den Spielen strömen. Schottische Landwirte zeigen ihre schönsten Tiere und verkaufen selbsterzeugte Produkte. Die Highland Games sind nämlich auch eine Art von Jahrmarkt und die Vermutung liegt nahe, dass sie das für die Schotten schon immer gewesen sind.

Die berühmteste und skurrilste Disziplin der Highland Games ist das Baumstammwerfen. Eine unglaubliche Sache, die vermutlich nur einem Schotten einfallen kann.

Die Herausforderung ist es, einen bis zu sechs Meter langen Baumstamm von sich wegzuwerfen. »Tossing the Caber« heißt das Manöver, und es erfordert außer gehöriger Kraft auch eine ganze Menge Geschick.

Der Werfer trägt dazu den Baumstamm, an der Unterseite gehalten, erst aufrecht vor sich her. Dann rennt er los, wobei der Stamm nicht ins Schlingern geraten darf. Aus dem Schwung heraus schleudert er den Stamm derart, dass dieser sich dabei um 180 Grad dreht und seine Spitze nach der Landung auf den Werfer zeigt. Ziel ist es nicht etwa, den Baum möglichst weit von sich zu werfen. Vielmehr geht es darum, das Ding hinterher in einer möglichst geraden Linie zu platzieren. Liegt er schief, gibt es Punktabzug. Gar nicht so einfach, denn die Stämme wiegen gut und gerne zwischen 40 und 60 Kilogramm.

Das ist die Königsdisziplin der Highland Games, der Sieger im Baumstammwurf hat unter Beweis gestellt, dass er nicht nur stark, sondern dabei auch taktisch geschickt ist. Ihm gehörten von je her nicht nur Ruhm und Ehre, er konnte auch unter den Stellenangeboten der Clanchefs das beste für sich aussuchen.

Und dieser besonders archaisch anmutende Wettstreit scheint eine unwiderstehliche Anziehungskraft zu haben, denn Baumstammwerfen hat es nicht nur zur Aufnahme in die Olympiade von Gotland gebracht, einer alten schwedischen Tradition. Auch die Turnbewegung adaptierte den schottischen Sport, sodass er jetzt zu den Standarddisziplinen der Bergturnfeste in Deutschland gehört.

Neben dem Baumstammwurf gehören zu den Wettkämpfen der Schwerathletik noch Steinweitwurf, Hammerwerfen, Gewichtweitwurf, Gewichthochwurf und Strohballenhochwurf. Zumindest letzteres klingt nun wirklich nach einer Gaudi, wird aber von den Schotten mit feierlichem Ernst betrieben.

Es gibt alljährlich an die 100 Highland-Games-Veranstaltungen in Schottland. Manche Wettkampfteilnehmer reisen dabei von Games zu Games und sind damit fast schon eine Art Profisportler geworden. Höhepunkt sind die im September stattfindenden Spiele in Braemar, denn hierbei ist die Queen persönlich anwesend. Ihr Sommerhäuschen Balmoral Castle liegt nämlich ganz in der Nähe, an den Gestaden des Flusses Dee in Aberdeenshire. Dieses schicke Schloss aus dem 19. Jahrhundert gehört ihr ganz privat, ihre Ururgroßeltern, Queen Victoria und Prinz Albert, haben es einst auf dem Grund eines älteren Schlosses errichten lassen. Jedes Jahr verbringt die Queen zwölf Wochen hier in der schottischen Sommerfrische. Da darf ein Ausflug zu den Highland Games natürlich nicht fehlen.

Die Games stehen unter der Oberhoheit der International Highland Games Federation, die sich auch um die zahlreichen Ableger der Spiele in anderen Ländern kümmert. So gibt es Highland Games in Deutschland, Österreich, der Schweiz und in Südtirol, die Kampfrichter reisen dazu eigens aus Schottland an. Seit 1980 existieren sogar die Weltmeisterschaften der Highland Gamer.

Trotz des regen Besucheransturms haben die Highland Games in Schottland ihre authentische Volksfesttradition bewahrt. Sie sind ein echter Spiegel schottischer Eigenart. Und weil quer durch Schottland von Mai bis September überall Wettkämpfe ausgetragen werden, findet sich bei einem Schottlandbesuch sicher eine Gelegenheit, dem urtümlichen Schauspiel beizuwohnen. Fliegende Baumstämme, Kilts und Dudelsäcke – das pure Schottlandklischee, was will man mehr?

Warum die Baumstämme fliegen, wissen wir jetzt. Warum die Männer dabei Röcke tragen, wissen wir auch. Aber was hat es eigentlich mit dem Dudelsack auf sich?

Beef and Beer Stew – Eintopf aus Fleisch und Bier

Zutaten für 4 Personen:

800 g Rinderhüftfleisch	200 ml Rinderfond
2 Zwiebeln	1 El Senf
4 Zweigchen Thymian	50 g Mehl
1 Lorbeerblatt	30 g Zucker
60 g Butterschmalz	Salz
300 ml Starkbier	Pfeffer

Zubereitung:

Den Backofen auf 200°C vorheizen. Das Fleisch in dünne Streifen schneiden, dann in Mehl wälzen. Die Zwiebeln schälen und würfeln. Die Thymianblättchen abzupfen.

Das Butterschmalz in einem Bräter schmelzen und das Fleisch bei starker Hitze darin bräunen, zum Schluss die Zwiebeln beigeben und ebenfalls mit anbraten. Vom Herd nehmen, Zucker, Senf und Thymian unterrühren, pfeffern, salzen und das Lorbeerblatt beigeben. Das Ganze für 10 Minuten ohne Deckel in den Backofen stellen.

Dann aus dem Ofen nehmen, mit Bier und Fond ablöschen und auf dem Herd aufkochen lassen. Die Hitze im Backofen auf 160°C reduzieren, und den Bräter abgedeckt für 2 Stunden zurück hineinstellen. Mit Salzkartoffeln servieren.

Im Gleichschritt Marsch –
der Dudelsack spielt auf!

Tatsächlich ist der Dudelsack ein uraltes Instrument. Er besteht aus einem ledernen Luftsack, den der Spieler aufbläst, um sodann die Luft durch die an dem Sack hängenden Pfeifen entweichen zu lassen. Das macht er, indem er den Sack gegen seinen Körper presst, und zwar mit möglichst konstantem Druck, wodurch der typische Dauerton entsteht.

Erfunden wurde das Ganze vermutlich in Indien, und zwar schon in grauer Vorzeit. Die alten Ägypter kannten den Dudelsack, und die Römer erst recht. Kaiser Nero zum Beispiel soll ein hinlänglich talentierter Dudelsackspieler gewesen sein. Im Mittelalter trat das Instrument dann seinen Siegeszug quer durch Europa an. Im 18. Jahrhundert schätzte man die quakende Sackpfeife am Königshof von Frankreich, aus der tschechischen Volksmusik ist sie nicht wegzudenken. In Süditalien heißt der Dudelsack »zampogna« und erfreut sich großer Beliebtheit. Im Iran macht man Tanzmusik damit, und in Pakistan ist es traditionell das Instrument für die Hochzeitsmusik.

Der Namensteil »Dudel« kommt keineswegs von »dudeln«, sondern aus dem Türkischen und bedeutet »Flöte«. Wobei sich unser Wort »dudeln« ja vielleicht auch davon ableiten lässt. Die Ungarn jedenfalls nennen ihren Dudelsack »duda«. Man sieht also, der Dudelsack ist ein wahrhaft internationales Instrument. Und dennoch assoziiert man ihn in allererster Linie mit Schottland. Wie kommt das?

Die schottischen Highlander haben ihre spezielle Variante des Dudelsacks, die »Great Highland Bagpipe«. Dieses Instrument entwickelt eine so ungeheure Lautstärke, dass man es in der Regel im Freien spielt, um Hörschäden zu vermeiden. Und der Krach hatte früher durchaus seinen Sinn: Die schottischen Clans nutzten den Dudelsack als Einheizer im Krieg. Die Dudelsackspieler, »piper« genannt, sorgten mit ihrer Musik für die richtige Stimmung und Kampfeslust. Mit ihren Bagpipes zogen sie voran, wenn die Soldaten durch die Highlands marschierten – die spezielle schottische Variante der Marschmusik.

Gute Piper bildeten das A und O für die Kriegslaune. Sie galten als der Stolz ihrer Clan-Chiefs, wurden sehr verehrt und waren überaus begehrte Leute. Auch in Friedenszeiten demonstrierte man seine militärische Macht und Überlegenheit, indem man den Piper auftreten und den Marsch blasen ließ. Um das repräsentative Flair zu vervollständigen, wurden die Luftsäcke der Bagpipes mit dem Clan-Tartan überzogen, jeweils passend zum Plaid und später zum Kilt des Pipers. Die Pfeifen schmückten entsprechend aufwendige Dekorationen.

Auf die militärische Verwendung der Bagpipe, die anderenorts in dieser Form nicht stattgefunden hat, ist es also zurückzuführen, dass sich der Dudelsack zum Nationalinstrument Schottlands entwickelt hat.

Die Demonstration von so viel schottischem Stolz missfiel natürlich den Engländern, und deren Augenmerk richtete sich nach der schottischen Niederlage in der Schlacht von Culloden umgehend auch auf die Bagpipe. Das Dudelsackspielen wurde strengstens untersagt, womit die Engländer letztendlich das Gegenteil erreicht haben: Die Schotten liebten das verbotene

Instrument nun umso mehr. Wie der Tartan und die Highland Games ließ sich auch der Dudelsack nicht per Dekret ausrotten.

Neun Töne und die jeweiligen Zwischentöne umfasst das Klangspektrum der Great Highland Bagpipe, und ihr einigermaßen klangvolle Melodien zu entlocken, ist gar nicht so einfach. Besonders die Zwischentöne sind problematisch, so gut wie nie lassen sich zwei unterschiedliche Bagpipes miteinander synchronisieren. Pipe Bands, die aus mehreren Bagpipes bestehen, spielen deshalb fast immer nur ganze Töne.

Die Pipe Bands sind Spielmannszüge, die sozusagen die Hochkultur der schottischen Nationalmusik darstellen. Werden die Dudelsackspieler hierbei noch von Trommlern begleitet, spricht man von Pipes & Drums, einer wahren Zerreißprobe für das Trommelfell. Die durchschnittliche Lautstärke beträgt 122 Dezibel. Presslufthammer, Kettensäge oder Gewitterdonner schaffen 120 Dezibel, ein Düsenjäger 130. Das soll die absolute Obergrenze dessen sein, was ein Mensch aushält. Ab 150 Dezibel ist mit irreparablen Hörschäden zu rechnen.

Das findet die EU gar nicht gut, man diskutiert deshalb in Brüssel die Einführung einer Pflicht zum Tragen von Gehörschutz für schottische Dudelsackmusikanten. Doch das wird den Schotten bestimmt ziemlich spanisch vorkommen!

Mutton and Dumplings – Hammelfleisch mit Klößen

Zutaten für 4 Personen:

800 g Hammelnackenfleisch
  (ersatzweise Lammfleisch)
1 kleine Rübe
250 g Champignons
3 Möhren
1 Pastinake
2 Zwiebeln
3 El Johannisbeergelee
1 El Tomatenmark
250 ml Gemüsebrühe
Pfeffer, Salz

Für die Klöße:
150 g Mehl
80 g Rindertalg (ersatz-
weise Butterschmalz)
1 Tl Backpulver
3 Zweige Blattpetersilie
Pfeffer, Salz

Zubereitung:

Das Gemüse putzen bzw. schälen und klein schneiden. Den Backofen auf 190°C vorheizen. Das Fleisch in Würfel schneiden, in eine Kasserolle legen und das Johannisbeergelee darauf verteilen. Für 15 Minuten in den Ofen stellen, dann das Gemüse darüber verteilen, pfeffern und salzen. Das Tomatenmark in der Gemüsebrühe auflösen und das Ganze über Fleisch und Gemüse gießen. Pfeffer und Salz darüberstreuen, die Kasserolle mit dem Deckel verschließen, die Temperatur des Backofens auf 170°C senken und die Kasserolle mit Fleisch und Gemüse für 2 Stunden hineinstellen. Für die Klöße Mehl, Backpulver und den geriebenen Talg gründlich miteinander verkneten und dabei so lange tropfenweise Wasser dazugeben, bis sich ein fester Teig ergibt. Die Petersilienblättchen abzupfen, fein hacken und daruntermengen. Salzen und pfeffern. Anschließend aus dem Teig 8 kleine Klöße formen und diese 30 Minuten vor Ende der Backzeit mit in die Kasserolle geben. Mit Salzkartoffeln servieren.

Die Jahreszeiten von Lochindorb – von Wetter, Vergangenheit und Einsamkeit

Es ist ziemlich trüb an diesem Morgen. Ich habe eine Windjacke über meinen Wollpullover gezogen und bin nach draußen gegangen, aber der Frühnebel hebt sich nur langsam. Unter meinen Füßen liegt ein weicher Teppich aus Heidekraut und Gras, es ist das einzige, was hier richtig gedeiht, denn ich befinde mich mitten im Torfmoor. So weit das Auge reicht, zieht es sich über die sanft gewellte Landschaft. Und dort, ein Stück vor mir, gibt der Nebel allmählich das Loch frei. Vollkommen einsam und still liegt es vor mir.

Wir wohnen in einem Ferien-Cottage an diesem Loch, und wir sind die einzigen Menschen weit und breit. Am gegenüberliegenden Ufer gibt es noch ein Haus, ich weiß nicht, wer dort wohnt, aber abends sieht man ein Licht. Es ist gut anderthalb Kilometer entfernt, Luftlinie, und liegt versteckt zwischen Nadelbäumen. Bis zum nächsten Ort braucht man mit dem Auto eine Viertelstunde. Einsamkeit hat hier noch eine Bedeutung.

Ich fröstle und ziehe den Reißverschluss meiner Windjacke noch ein bisschen weiter herauf, so weit wie es eben geht. Dabei haben wir Juli, es ist mitten im Sommer. Aber der Sommer hat hoch oben im Norden ein anderes Gesicht. Ich erinnere mich an eine Postkarte, die ich vor vielen Jahren einmal hier in Schottland gekauft habe. Sie war überschrieben mit »Scottish Seasons«, und sie zeigte viermal dasselbe gezeichnete Schaf, nur in unterschiedlichen Jahreszeiten. Im Frühling steht es mit den Beinen im Wasser und schnuppert an einer spärlichen Blume, während der Regen frontal auf es zujagt. Im Sommer trägt es eine Sonnenbrille und hat Sonnenöl bereitgestellt, aber noch immer steht es mit den Beinen im Wasser, während der Regen dieses Mal von oben herabfällt. Im Herbst hat es die Augen geschlossen und sich aufgeplustert. Denn jetzt treibt heftiger Wind den Regen von hinten auf es zu, ein paar Blätter fliegen vorbei. Und natürlich steht es mit den Füßen im Wasser. Im Winter hat das Schaf einen Schal umgebunden und Ohrenwärmer aufgesetzt. Nein, es steht nicht im Wasser, dieses Mal steht es im Schnee, und Schnee ist es auch, der sachte auf es herabrieselt.

Man reist eben nicht wegen des schönen Wetters nach Schottland. Aber was soll's, im Juli und August kann man durchaus mit 18 Grad Celsius rechnen. Und mit immerhin fünf täglichen Sonnenstunden. Gut, es regnet zwischendurch auch oft. Aber das Schöne am Seeklima ist ja, dass sich das Wetter ständig ändert. Eben noch ein heftiger Regenschauer, und im nächsten Moment lacht schon wieder die Sonne. Und umgekehrt natürlich. Die Wassertemperaturen erreichen ihren Höhepunkt Ende Juli mit satten 14 Grad. Freunde des Badesports sollten sich besser ein anderes Reiseziel aussuchen. Für alle Übrigen gilt: Mit der richtigen Ausrüstung kann gar nichts schiefgehen. Ich denke kurz darüber nach, ob ich nicht besser noch dicke Wollhandschuhe, Schal und Mütze mitgenommen hätte.

Der Nebel hat sich inzwischen weitgehend zurückgezogen. Metallisch dunkelgrau liegt das einsame Loch vor mir, schwere Wolken treiben über den Himmel. Fast kommt mir die verwunschene Szenerie ein bisschen unheimlich vor. Mittlerweile sieht man das ganze Loch, das Wäldchen in der Ferne am anderen Ufer, hinter dem sich das andere Haus versteckt, und die verlassene kleine Insel in der Mitte des Lochs. Es trägt den Namen »Lochindorb«, eines der unzähligen Lochs in Schottlands Highlands, nichts Besonderes, und doch ein sonderbarer Platz. Denn auf der kleinen Insel befinden sich die Ruinen einer Burg, hier, mitten im Nirgendwo.

Es muss einmal eine stolze Burg gewesen sein. Luftaufnahmen zeigen ihre trapezförmigen, mächtigen Grundmauern, die die gesamte Fläche der kleinen Insel einnehmen. Wolf's Lair, »Wolfsschanze«, wurde diese Burg genannt, das Lochindorb Castle. Denn sie gehörte einst Alexander Stewart, Earl of Buchan aus dem Clan der Cumming, genannt der »Wolf von Badenoch«. Er leistete zu Lebzeiten der gegenüber England freundlichen Politik des damaligen schottischen Königs erbitterten Widerstand, das war im 14. Jahrhundert. Man setzte ihn und seine Brüder auf einer anderen Burg gefangen, doch glücklicherweise starb der verhasste König, und Nachfolger auf dem schottischen Thron wurde Alexanders Vater. Damit kamen die Söhne frei, und alles hätte gut werden können. Doch Alexander war ein Starrkopf, er verließ seine Ehefrau zu Gunsten einer Geliebten. Das gab Ärger mit der Kirche, und Alexander wurde exkommuniziert. Aus Rache brannte der Haudegen die Städte Forres und Elgin nieder, auch die Kathedrale von Elgin fiel seiner unbeherrschten Wut zum Opfer. Sein Vater zeigte sich darüber nicht gerade amüsiert und rief den ungehobelten Sohn zur Räson. Reumütig leistete dieser Wiedergutmachung und wurde schließlich auch wieder in den Schoß der Kirchengemeinde aufgenommen. Ende gut, alles gut?

Mitnichten! Denn unbelehrbar, wie er war, ließ sich Alexander auf eine Partie Schach mit dem Teufel höchstpersönlich ein. Der hatte ihn auf seinem Schloss besucht und dazu herausgefordert, was Alexander nicht auf sich sitzen ließ. Dummerweise verlor Alexander die Partie, woraufhin sich ein schreckliches Unwetter erhob. Am nächsten Morgen lagen all seine Männer schwarz verbrannt auf dem Schlosshof, der Hausherr selbst aber lag tot in der Halle. So zumindest erzählt es eine schottische Legende.

Nun könnte es mir erst recht gruselig zumute werden, aber es war nicht Lochindorb Castle, wo sich diese grausige Geschichte zugetragen hat. Es handelte sich vielmehr um ein anderes Schloss des Wolfs von Badenoch, Ruthven Castle bei Perth, heute Huntingtower Castle genannt. Hier lebte auch der erste Duke of Atholl – der ist uns schon bei unserem Besuch im Blair Castle begegnet.

Huntingtower Castle hebt sich als eckiger, grauer Kasten bedrohlich und düster aus der Landschaft – kein Wunder, denn dort spukt es. Die sagenhafte Lady Greensleeves treibt ihr Unwesen zwischen den Mauern der alten Burg, mit dieser Dame wollen wir uns später noch auseinandersetzen. Kehren wir vorerst noch einmal zurück zum Lochindorb Castle. Was ist damit geschehen?

Im 15. Jahrhundert residierte dort Archibald Douglas, der Earl of Moray. Er gehörte zu den Black Douglases, einer mächtigen schottischen Familie, die den damaligen König James II. von Schottland bekämpfte. Es kam zur Schlacht von Arkinholm am 1. Mai 1455, in der die Douglases den königstreuen Truppen unterlagen. Archibald fiel, sein Kopf wurde dem König als Zeichen des Sieges überbracht, und um seinen Triumph zu vervollständigen, erteilte der König den Befehl, Lochindorb Castle schleifen zu lassen. Seit damals liegt es in Ruinen. Es sind also dieses Mal nicht die Engländer gewesen, die schottisches Kulturgut zertrümmert haben.

Bis auf den heutigen Tag erheben sich die Mauern der alten Burg auf der Insel, als wollten sie trotzig beweisen, dass sie nicht nur die Zerstörung, sondern auch die Zeit überdauern. Man vermutet übrigens, dass die Insel künstlich aufgeschüttet wurde. Das gibt eine leise Ahnung von der Macht, die die Burgherren einst besessen haben, und von der ungeheuren Leistung, die sie vollbringen konnten, indem sie diese Festung aus dem Nichts heraus erschufen.

Doch nun sind sie alle fort. Die meisten Mitglieder des Cumming Clans haben Schottland verlassen und sich anderenorts niedergelassen, in Irland, England und Wales, manche auch in den USA, Kanada, Australien, Südafrika und Neuseeland. Falls es jemals Bauern um Lochindorb gegeben hat, sind auch diese verschwunden, vielleicht im Zuge der schlimmen Highland Clearances. Nur noch unser Ferienhaus ist da, ein altes Steingemäuer, und das mysteriöse Gebäude am anderen Ufer.

Und doch ist der kleine See nicht völlig verlassen. Er ist bei Anglern äußerst beliebt. Hätte ich eine Angelrute mitgebracht und verstünde ich etwas von diesem Geschäft, dann könnte ich jetzt für unser Mittagessen sorgen. So aber bleibt mir nur, der zweiten Beschäftigung zu frönen, die Menschen an die Ufer des Lochindorb lockt: die Beobachtung von Vögeln. Hier ist ein Paradies für das schottische Wildleben, und besonders die Vögel schätzen die weitgehende Abwesenheit von Menschen. Prachttaucher und Graugänse nisten hier, und wer weiß, was sich noch beobachten lässt.

Mittlerweile ist tatsächlich die Sonne hinter den Wolken hervorgekommen und lässt das Wasser von Lochindorb silbrig blau erstrahlen. Es ist auch gar nicht mehr so kalt. Aber vielleicht sollte ich mir doch erst einmal eine wärmende Tasse Tee aufgießen, bevor ich mich der Ornithologie zuwende.

Scottish Oatcakes – schottische Haferplätzchen

Zutaten:

250 g Hafermehl	5 Eier
300 g Zucker	1 El Natron
200 g Mehl	1 unbehandelte Zitrone
50 ml Milch	½ unbehandelte Orange
250 ml Sahne	je 50 g Orangeat und
200 g Butter (Zimmer-	Zitronat
temperatur)	80 g Rosinen

Zubereitung:

Das Hafermehl in eine Schüssel geben, Milch und Sahne darüber schütten und gut vermischen. Dann 15 Minuten lang quellen lassen. Von der Zitrone und der halben Orange die Schale dünn abraspeln, dabei nicht das Weiße verwenden, denn das schmeckt bitter. Die Rosinen waschen und trocknen, Orangeat und Zitronat klein schneiden. In einer anderen Schüssel Butter, Zucker und Eier mit dem Handmixer schaumig schlagen. Dann nach und nach Mehl und Natron unterrühren. Schließlich das eingeweichte Hafermehl, den Schalenabrieb, Zitronat, Orangeat und Rosinen dazugeben und alles gut miteinander vermengen.

Ein Backblech mit Backpapier auslegen, den Teig daraufgeben und etwa 1 cm dick ausstreichen. Den Backofen auf 200°C vorheizen und den Oatcake auf mittlerer Schiene 25 bis 30 Minuten lang backen, bis er goldbraun ist. Aus dem Ofen herausnehmen und 10 Minuten lang abkühlen lassen. Dann in etwa 5 cm große Quadrate schneiden, diese noch einmal diagonal durchschneiden. Auf einem Rost auskühlen lassen, und danach in einer gut verschlossenen Blechdose aufbewahren.

Für immer zusammengeschmiedet – das junge Glück von Gretna Green

Der Regen peitschte Ivy unbarmherzig ins Gesicht. Sie zog die Kapuze ihres dunklen Umhangs enger und wäre beinahe gestolpert. Doch James, der vor ihr herging, hielt ihre Hand fest. Er drehte sich kurz zu ihr um und lächelte aufmunternd. »Es ist nicht mehr weit«, sagte er. »Bald haben wir es geschafft.«

Vor einer guten Stunde hatten sie Carlisle verlassen. Sie folgten der Postkutschenroute von London nach Edinburgh, aber eine Fahrt mit der Kutsche konnten sie sich nicht leisten. Das bisschen Geld, das sie sich gespart hatten, brauchten sie für den Schmied. Auf dem letzten Stück bis Carlisle hatte sie gestern ein Bauer mit seinem Heuwagen mitgenommen, und sie durften in seiner Scheune übernachten. Sie teilten sich den trockenen Brotkanten, den James noch in seinem Bündel fand, und verbrachten eine unruhige Nacht im duftenden Heu. Alles war so aufregend!

Ivy fürchtete sich, das musste sie sich insgeheim eingestehen. Aber Hauptsache, dass sie mit James zusammen sein konnte. Sie liebte ihn, er war der Mann ihres Lebens. Dessen fühlte sie sich ganz sicher. Und wenn ihre Eltern das nicht verstehen wollten, dann war es deren eigene Schuld. Sie hatten kein Recht dazu, Ivys Leben mit ihrem Starrsinn zu zerstören!

Deshalb brach sie auch am nächsten Morgen beherzt auf und folgte James. Das allerletzte Stück ihres Wegs lag vor ihnen. Auch der Regen konnte sie nun nicht mehr aufhalten. Nur noch wenige Meilen, dann würden sie die Grenze von England erreichen. Endlich in Schottland! Und das erste Dorf, in das sie dort kämen, würde Gretna Green sein. Sie würden sofort zum Schmied gehen und sich vermählen lassen.

Ivy betrachtete James, der mit festen Schritten voranging. Stark und männlich. Sie lächelte und drückte seine Hand ein bisschen fester. Dann endlich würde er ihr Ehemann sein. James, 14 Jahre alt. Und Ivy selbst zählte immerhin schon 13 Lenze.

In England hatte all die Jahrhunderte hindurch stets heiraten können, wer wollte. Feste Regeln gab es nicht, das fand sich schon. Die Familien machten das untereinander aus. Es dauerte bis 1754, als das Parlament in London diesem Wildwuchs einen Riegel vorschob und den Lord Hardwicke's Marriage Act erließ. Hiermit wurde festgeschrieben, dass Minderjährige nur noch mit Einwilligung der Eltern heiraten durften. Aus war der Traum für alle Romeos und Julias, wenn Vati sich das anders vorstellte.

Aber das Gesetz galt für England, nicht jedoch für Schottland. Bis 1929 durften Jungs hier mit 14 Jahren, Mädchen sogar schon mit zwölf Jahren heiraten. Erst dann setzte man das Mindestalter herauf – auf stolze 16 Jahre. Und die Einwilligung der Eltern ist bis heute noch immer nicht erforderlich.

Nach Erlass des Marriage Act sprach es sich in England schnell herum: Wer blutjung ist und gegen den elterlichen Willen heiraten will, der muss nach Schottland! Und der erste Ort hinter der Grenze von Schottland ist Gretna Green.

Überhaupt sah man das mit dem Heiraten in Schottland ziemlich locker. Nötig waren lediglich zwei Zeugen, die Zeremonie selbst durfte jedermann durchführen. So kam es, dass sich in Gretna Green der Schmied dazu berufen fühlte, die aus England herbeiströmenden Kinder zu vermählen. Seine Schmiede geriet zum Hochzeitszimmer, der Amboss wurde zum Traualtar. Und es waren mitnichten nur englische Jugendliche, die vor den Amboss traten. In vielen anderen Teilen Europas hörte man vom schottischen Hochzeitszauber, und heiratswillige Teenies, deren Eltern sich halsstarrig zeigten, kamen nach Gretna Green. Der Ort entwickelte sich zum Hochzeitseldorado schlechthin. Schon früh erkannten seine Bewohner das Marketingpotenzial, das sich da auftat. Davon abgesehen ist nämlich in Gretna Green nicht wirklich viel los.

Seit 1887 ist die alte Schmiede, ein Bau aus dem Jahr 1712, zur Besichtigung geöffnet. Es gibt ein Restaurant und einen Souvenirladen, und mittlerweile sind es drei Trauzimmer, denn selbstverständlich kann man noch immer in Gretna Green heiraten. Etwa 5.000 Paare nutzen alljährlich die Gelegenheit und geben sich vor dem Amboss das Jawort. Jedes der Trauzimmer hat natürlich seinen eigenen Amboss.

Dramatische Szenen sollen sich hier abgespielt haben, wenn Väter ihren Kindern gefolgt waren und die Hochzeit im letzten Moment noch zu verhindern suchten. Ich weiß nicht, ob Ivy und James zu den Zigtausenden gehören, die es geschafft haben. Geschafft hat es definitiv unser ehemaliger Außenminister Joschka Fischer, der seine erste Frau 1967 hier geheiratet hat. Damals war er 19 Jahre alt, seine Braut 18, zu jung nach deutschem Recht, denn damals wurde man in Deutschland erst mit 21 Jahren volljährig.

Die beiden sind per Anhalter nach Schottland gefahren, unterwegs haben sie sich als Pflastermaler ein bisschen Geld verdient. Gretna Green muss sie ernüchtert haben, schön war der Ort auch damals nicht, dafür aber voller Heiratslustiger. Ab 1856 musste man sich 21 Tage lang dort aufhalten, bevor man heiraten durfte, eine Regelung, die erst in den Siebzigerjahren wieder abgeschafft wurde. Deshalb stand der Ort voller Wohnwagen, wer keinen hatte, konnte in Scheunen und Baracken unterkommen. Die jungen Leute besaßen natürlich meist kein Geld, die Stimmung war entsprechend angespannt. Viel Romantik kam da vermutlich nicht auf. Heutzutage wird sie auch noch durch die Autobahn, die direkt neben Gretna Green verläuft, im Keime erstickt.

Dummerweise hielten sich just zur Hochzeit der Fischers auch noch ein paar Reporter vor Ort auf, die die Story von der schottischen Hochzeitsfabrik an die »Bild«-Zeitung verkauften. So kam es, dass die beiden frisch gebackenen Schwiegerelternpaare ausgerechnet aus der »Bild«-Zeitung von der Hochzeit ihrer Kinder erfuhren. Das mag einen ganz schönen Ärger gegeben haben.

Und vermutlich stellte die Ehe der Fischers nicht die einzige in Gretna Green geschlossene Verbindung dar, die trotz aller Liebe scheiterte. Aber wer weiß, die Geschichte von Romeo und Julia wäre vielleicht ganz anders ausgegangen, wenn es die Hochzeitsschmiede von Gretna Green zu deren Zeiten schon gegeben hätte …

Queen Mary's Tart – Törtchen der Königin Maria

Zutaten:

250 g Blätterteig
60 g Zucker
60 g Butter
30 g Orangeat
30 g Zitronat

2 Eier
1 El Rosinen
3 El Himbeerkonfitüre
Butter zum Einfetten

Zubereitung:

Eine Tarteform mit Butter einfetten, gleichmäßig mit dem Blätterteig auslegen und den Teig mit der Himbeerkonfitüre bestreichen. Orangeat und Zitronat kleinhacken.

In einem kleinen Topf die Butter bei mäßiger Hitze schmelzen und den Zucker darin auflösen. Orangeat, Zitronat und Rosinen darunterrühren, dann vom Herd nehmen. Die Eier gut verquirlen und anschließend unter die Masse mischen.

Die Masse gleichmäßig auf dem Blätterteig verteilen. Den Backofen auf 220°C vorheizen, und das Törtchen 20 bis 25 Minuten lang backen, bis die Masse fest ist. Heiß oder kalt genießen.

Von Hexen, Schuld und Schicksal –
Macbeth

Ein Gewittersturm peitscht über das schottische Torfmoor. Grell leuchten die Blitze auf, während das Donnergrollen die Luft erzittern lässt. In dicken Tropfen klatscht der Regen auf drei Frauen herab, die sich in dieser unheimlichen Szenerie versammelt haben. Kein Unwetter kann sie beirren, im Gegenteil. Sie lieben die dunkle Macht der Natur, denn sie sind selbst Ausgeburten der Finsternis. Sie sind Hexen. Und sie haben etwas Wichtiges miteinander zu besprechen. Es geht um nichts Geringeres als um die Macht in Schottland und um den neuen König: Macbeth.

Dieser ist gerade in ein Gemetzel verwickelt. Die Norweger haben Schottland angegriffen, unterstützt von einem durchtriebenen Verräter. Diesen Verräter hat Macbeth besiegt, und König Duncan von Schottland hat Macbeth zum Dank in ein höheres Amt befördert. Den Hexen reicht das aber nicht, und als Macbeth auf dem Rückweg von der Schlacht bei ihnen im Moor vorbeikommt, prophezeien sie ihm, dass er bald selbst König von Schottland sein werde. Macbeth ist ziemlich verwirrt, denn schließlich hat Schottland ja einen König, Duncan, auch wenn dieser nicht mehr der Jüngste ist. Als er aber zurück nach Hause kommt und seiner Frau, der Lady Macbeth, von der Sache erzählt, ist sie gleich Feuer und Flamme. Deshalb versucht sie, ihn zu überreden, den alten Duncan einfach kurzerhand abzumurksen. Diese Idee gefällt Macbeth eigentlich nicht, aber schließlich will er sich vor seiner Frau auch nicht blamieren und als Memme outen. Deshalb lädt er König Duncan zu einem Besuch auf seiner Burg in Inverness ein und erdolcht den alten Mann bei dieser Gelegenheit hinterrücks.

Es gibt dann ein ziemliches Hin und Her, an dessen Ende Macbeth tatsächlich zum König gekrönt wird. Die Untat ist ihm aber nicht so recht bekommen, sein schlechtes Gewissen plagt ihn, und er beginnt in der Folge, Geister zu sehen. Aus Verzweiflung begibt er sich wieder zu den Hexen, um sich sein weiteres Schicksal vorhersagen zu lassen. Was sie ihm sagen, hört sich scheinbar gut an. Beruhigt und befreit von allen Selbstzweifeln kehrt er auf seine Burg zurück, um sich dort zum boshaften Tyrannen zu entwickeln. Je selbstbewusster er sich zeigt, desto schwerer beginnt das Schuldgefühl nun auf Lady Macbeth zu lasten, und schließlich begeht sie in ihrer Verzweiflung Selbstmord.

Die Weissagungen der Hexen entpuppen sich jedoch als trügerische Sicherheit. Bei richtiger Interpretation führen sie Macbeth nämlich ins Verderben. Und dahinein gerät er geradewegs, im Zweikampf mit Duncans Sohn Malcolm verliert er sein Leben.

Diese Geschichte ist natürlich in Wirklichkeit viel verwickelter und komplizierter. Sonst hätte ja Shakespeare daraus nicht ein Drama mit fünf Akten machen können. Schauspieler nennen dieses Werk meist nur »The Scottish Play«, denn ein alter Bühnenaberglaube besagt, dass es großes Unglück bringt, den Namen des Stücks in einem Theater auszusprechen. Sollte das versehentlich geschehen, muss man umgehend eine lange Beschwörungsformel aufsagen, die aus einer Aneinanderreihung von Shakespeare-Zitaten besteht.

Dieser Aberglaube fußt wohl auf einer ganz realen Gefahr, die früher von Macbeth ausging. Es gibt nämlich zahlreiche Kampfszenen in diesem Stück. Weil man in der Vergangenheit bei den Aufführungen oft echte Waffen benutzte, kam es immer wieder versehentlich zu Verletzungen der Darsteller. Außerdem gab es im 19. Jahrhundert einmal einen gewaltigen Aufruhr bei einer Macbeth-Aufführung in New York. Das hatte etwas mit den antibritischen Ressentiments der Amerikaner zu tun und mit zwei Schauspielern, die miteinander konkurrierten, der eine Brite, der andere Amerikaner. Beide traten am gleichen Abend in zwei unterschiedlichen Aufführungen des Macbeth auf, das führte zu einem üblen Tumult mit vielen Toten und Verletzten. Dieses schlimme Ereignis haftet dem Bühnenstück an und verpasst ihm den Odem eines bösen Omens.

Shakespeares große Tragödie thematisiert Macht, Schicksal, Schuld und Gewissen. Als historisches Umfeld für diese Geschichte wählte er Schottland, denn die dortige Tradition der Königswahl bot sich für ein Drama um Intrigen und Machtränkespiele geradezu an. Wir erinnern uns: Zur Zeit des Hauses Alpin wurde die Thronfolge nicht vererbt, der Nachfolger eines verstorbenen Königs wurde vielmehr von den Clanführern gewählt. Das eröffnete jedem geeigneten Recken die Möglichkeit, nach der Königsehre zu greifen – man musste lediglich die Konkurrenz aus dem Weg räumen.

Das historische Vorbild für Shakespeares Protagonisten, König Mac Bethad mac Findlàich aus dem Hause Alpin – genannt Macbeth –, wäre über den Ruhm, den er posthum erlangt hat, vermutlich gar nicht so begeistert. Der soll nämlich – im Gegensatz zum shakespeareschen Macbeth – ein grundanständiger Kerl gewesen sein. Er sorgte während seiner Amtszeit für Wohlstand, Sicherheit und Frieden, deshalb war er ziemlich beliebt.

Macbeth wurde im Sommer 1040 zum König gewählt, nachdem er den amtierenden Regenten Duncan in der Schlacht getötet hatte. Dieser Duncan galt als ein unbarmherziger Fiesling, weder das Volk noch die Clanführer konnten ihn ausstehen. Deshalb war man froh, ihn endlich los zu sein. Macbeth gelang es, Streitigkeiten zwischen verschiedenen Clans zu schlichten, Ruhe und Ordnung kehrten in Schottland ein. Er konnte sich sogar auf eine mehrmonatige Pilgerreise nach Rom wagen, ohne dass daheim in Schottland das Chaos ausgebrochen wäre.

Aber die schöne Zeit währte nicht ewig. Malcolm, der Sohn des ehemaligen Herrschers Duncan, verbündete sich mit den Engländern und griff mit deren Unterstützung Macbeth an. Macbeth starb im Kampf, 17 Jahre nachdem er die Königswürde erlangt hatte.

Das erwies sich als der Anfang vom Ende: Die Engländer waren auf den Geschmack gekommen und wollten Schottland fortan nicht mehr sich selbst überlassen. Die darauffolgenden Jahrhunderte prägten dauernde Machtkämpfe zwischen Schotten und Engländern. Die angelsächsische Kultur begann, die schottische mehr und mehr zurückzudrängen.

Macbeth wurde auf Iona bestattet, einer kleinen Insel, die zu den Inneren Hebriden gehört. Iona bildete über lange Zeit das geistliche Zentrum von Schottland. Denn im Jahr 563 kam Columban mit zwölf Mönchen von Irland hierher und gründete das erste christliche Kloster Schottlands.

Columban? Richtig, von dem haben wir schon gehört, und zwar in Zusammenhang mit der ersten dokumentierten Begegnung mit Nessie. Von Iona aus zog Columban weiter, um in Schottland zu missionieren, doch Iona blieb das Herzstück der neu entstandenen keltischen Kirche. Die Insel galt als heilig, deshalb wurden die schottischen Könige hier beigesetzt. Macbeth allerdings war der letzte, der seine ewige Ruhe auf Iona fand. Zumindest, bis Shakespeare für seine Wiederauferstehung sorgte.

Auf den Spuren des Macbeth besuchen Reisende das Inverness Castle, in dem er der Sage nach König Duncan getötet haben soll. Die Burg über dem Fluss Ness entstand allerdings erst im 19. Jahrhundert anstelle einer Festung aus dem 11. Jahrhundert. Die Burg des Macbeth soll sich zudem einen Kilometer weiter nordöstlich befunden haben. Malcolm II. ließ sie aus Rache für die Ermordung seines Vaters schleifen und in der Folge die Festung errichten, die mit dem heutigen Inverness Castle überbaut wurde.

Bei Forres, einer Kleinstadt auf halbem Weg zwischen Inverness und Elgin, befindet sich der Sueno's Stone, ein sechseinhalb Meter hoher Piktenstein, der nach wissenschaftlichen Erkenntnissen vermutlich zwischen 850 und 890 entstand und mit zahlreichen Gravuren versehen ist. Der Legende nach soll sich hier die Wegkreuzung befunden haben, an der Macbeth die drei Hexen traf. Die Hexen, so heißt es, seien innerhalb des Steines gefangen. Niemals dürfe er zerstört werden, denn in diesem Fall würden die schrecklichen Hexen befreit. Seit den 1990er Jahren schützt ein Gehäuse aus Panzerglas den Stein, allerdings weniger aus Furcht vor dessen Auseinanderbrechen, sondern vielmehr als Schutz vor Vandalismus.

Cod in Egg Sauce – Kabeljau in Eiersoße

Zutaten für 4 Personen:

4 mittelgroße Kabeljaufilets   1 Bund Schnittlauch
0,7 l Milch   Muskatnuss
4 Eier   Pfeffer
80 g Butter   Salz
80 g Mehl   Butter zum Einfetten

Zubereitung:

Die Eier hart kochen, pellen und in kleine Würfel schneiden. Am besten geht das mit dem Eierschneider – einmal längs und einmal quer. Ansonsten ein scharfes Messer nehmen.

Eine Auflaufform gut einfetten und die Kabeljaufilets hineinlegen. Die Butter in einem kleinen Topf zum Schmelzen bringen, das Mehl hineinstreuen und bei schwacher Hitze anschwitzen. Nach und nach die Milch einrühren und unter Rühren aufkochen, bis eine cremige Soße entstanden ist. Mit Muskatnuss, Salz und Pfeffer abschmecken, zwei bis drei Minuten weiterköcheln lassen. Anschließend die Eier vorsichtig unterheben, und das Ganze über den Kabeljaufilets verteilen.

Den Backofen auf 190°C vorheizen und den Fisch 20 bis 25 Minuten lang überbacken. Den Schnittlauch in Röllchen schneiden, und den Fisch vor dem Servieren damit bestreuen Mit Salzkartoffeln servieren.

Lassie – ein kleines Mädchen aus Schottland

Wir haben nun schon viel über die Schotten erfahren, über ihr Land, ihre Sitten und ihr Essen. Ich finde, es wird Zeit für eine Pause mit etwas leichterer Kost und vor allem auch mit ein bisschen Glamour. Wenden wir uns doch kurz einer der schönsten und berühmtesten Schottinnen zu, einem gefeierten Weltstar: Lassie.

Hatten Sie jemals einen Collie? Nein? – Ich schon. Und zwar immer wieder seit meinem 20. Lebensjahr. Und wenn Sie jetzt fragen, warum, dann kann ich Ihnen nur mit einer kleinen Anekdote antworten: Ich musste als Kind immer in die Klavierstunde, wenn »Lassie« im Fernsehen lief. Aus diesem Trauma entstand der sehnliche Wunsch nach einem Collie. Und nichts dient in diesem Fall besser der Heilung als die Erfüllung des Wunsches.

Eric Knight, der geistige Vater von Lassie, kam aus Yorkshire. So berichtet sein Buch denn auch von Elend und Armut unter den Bergarbeitern seiner Heimat, und das, obwohl er schon als Kind mit seinen Eltern nach Südafrika zog und später in Amerika lebte. Im merkwürdigen Gegensatz zu den prekären Verhältnissen, die Knight schildert, steht die Protagonistin Lassie, sind doch Collies Geschöpfe von ausgesprochener Schönheit und Eleganz. Im Buch muss dieses edle Tier allein auf sich gestellt die ganze Strecke von Schottland bis

Yorkshire bewältigen, um zurück nach Hause zu kommen. Eine ergreifende Geschichte, die von Großmut, Selbstlosigkeit, Treue, Empathie und Liebe erzählt und diesen Eigenschaften als Antipode Gier, Brutalität, Ignoranz, Sturheit und Verzweiflung entgegenstellt. Knight vermochte das so plastisch und einfühlsam zu schildern, dass seine 1938 erschienene Erzählung ein gigantischer Erfolg wurde. Etliche Verfilmungen und Fernsehserien mit zahllosen Episoden machten Lassie zum dauerhaften Kassenschlager.

Und wenn auch dieser Dauerbrenner von Amerika aus die Welt eroberte, so ist doch Lassie eine waschechte Schottin: ein schottischer Hütehund. Der Name »Lassie« ist Scots und bedeutet »kleines Mädchen«, man kann auch »wee lass« dazu sagen. Was für ein zauberhafter Name für eine Hündin! Obwohl, um der Wahrheit die Ehre zu geben, Lassie fast immer von Rüden dargestellt wurde. Deren Fell ist nämlich voller und gilt daher als telegener.

Woher kommen die schönen Hunde der Schotten? Man kann heute nachvollziehen, dass die Collies Nachfahren altrömischer Hirtenhunde sind. Auf dem Weg nach Norden begleiteten diese Hunde römische Truppen – später auch römische Siedler –, die oft Vieh zur Versorgung mit sich führten. In den Alpen kreuzten sich die Hunde unterwegs irgendwann mit dem Alpenspitz, den die Bergvölker damals züchteten. Eines Tages erreichten sie dann Schottland. Die Römer gingen wieder, die Hunde blieben. In der abgeschiedenen Lage der Highlands wurden die Tiere über viele Jahrhunderte hinweg isoliert gehalten und von den Hirten nach deren Bedürfnissen optimiert. Die schottischen Hirten hielten »colleys«, so heißen ihre Schafe mit den schwarzen Köpfen und Beinen, die in den Torfmooren von Hunden bewacht wurden und schließlich auch diesen ihren Namen gaben.

Die Hunde mussten einen ausgeprägten Trieb dafür haben, ihre Herde zusammenzuhalten, mussten selbstsicher, aber friedlich gegenüber den Tieren sein und mutig, wenn es darum ging, Fressfeinde abzuwehren. Das erklärt die Freundlichkeit und Wesensstärke, die diese Hunde sich bis heute bewahrt haben. Mit ihrer Zucht waren die schottischen Highlander so erfolgreich, dass nachweislich schon um das Jahr 800 manche Wikinger bei ihren Raubzügen Collies stahlen und mit in ihre skandinavische Heimat nahmen.

Die schottischen Familien lebten recht isoliert in den Tälern. Den Clans war es stets wichtig, ihre Individualität zu demonstrieren, deshalb färbten sie nicht nur ihre Tartans individuell ein, sie begannen auch, Wert auf bestimmte Fellzeichnungen ihrer Hunde zu legen. Die Schönheit des Hundes diente einerseits als Statussymbol, die Fellzeichnung half auf der anderen Seite, den Hund im Gelände leichter zu erkennen.

So entwickelte sich im Laufe der Jahrhunderte der klassische Collie in seinen drei Farbschlägen sable, also weiß mit gold- bis dunkelbraun wie bei unserer Freundin Lassie, tricolor, schwarz-weiß mit nur wenigen braunen Akzenten, und blue-merle, blau meliert. Letzteres sieht allerdings eher grau als blau aus, gemischt mit weißen, schwarzen und braunen Anteilen. Alle drei Farbtypen des Collies gibt es auch in einer kurzhaarigen Variante.

Königin Viktoria war es, die bei einem Urlaub in Schottland auf diese Hunde aufmerksam wurde und Gefallen an ihnen fand. Sie schaffte sich selbst eine Tricolor-Hündin an, die den Namen »Gypsy« trug. 1868 starb das Tier und wurde im Park von Schloss Windsor beerdigt. Die Tatsache, dass die Queen einen Collie hielt, trug natürlich enorm zur Popularität der Rasse bei. Aber die Queen tat noch mehr dafür: Sie begann, großzügig Collies an die Mitglieder anderer europäischer

Königshäuser und an Diplomaten aus aller Welt zu verschenken. Und wenn auch Queen Elizabeth II. diese Tradition nicht fortführt – sie hält bekanntlich kurzbeinige Welsh Corgies – so hielt doch zumindest noch ihre Mutter, Queen Mum, die Liebe zu Collies aufrecht.

Seit 1881 ist der Rassestandard des Collies offiziell festgelegt. Schon im 19. Jahrhundert kamen Collies auch nach Amerika, wo der britische Rassestandard allerdings niemanden interessierte. So kommt es, dass es heute zwei Rassetypen gibt, den britischen und den amerikanischen Standard. Und weil Amerika das Land der Superlative ist, ist der amerikanische Collie größer, schwerer und kräftiger. Sein Fell ist allerdings weniger aufgeplustert, weil die amerikanischen Züchter den Trend ihrer britischen Kollegen, Collies in den letzten Jahrzehnten immer plüschiger zu züchten, nicht mitmachten. Amerikanische Collies gibt es auch in einem rein weißen Farbschlag.

Weit im Norden liegen die zu den Highlands zählenden Shetland-Inseln im Meer. Hier gibt es eine eigene Hunderasse, den Shetland Sheepdog, auch Sheltie genannt. Und weil ein kurzer Blick auf die Karte zeigt, dass die Shetland Inseln ziemlich klein sind, könnte man meinen, dass die Bewohner sich passend dazu einen entsprechend kleinen Collie gezüchtet haben. Denn der Sheltie sieht aus wie ein Miniatur-Collie.

In Wirklichkeit ist der Sheltie aber ursprünglich eine Kreuzung aus Grönlandhunden und Border-Collies. Auch er ist ein Hütehund. Allerdings haben sich die Züchter seit etwa 100 Jahren tatsächlich vorgenommen, aus dem Sheltie einen Minicollie zu machen, und die Rasse durch Einkreuzen von Collies veredelt. Das Fell der Shelties verfilzt nicht so leicht, sie brauchen daher wenig Pflege und sind ein beliebter Haushund geworden.

Der Border-Collie ist wiederum ein schottisches Urgestein, ein Naturbursche, der sich in den Southern Uplands, also im Grenzgebiet zu England, parallel zum Collie entwickelt hat. Hieraus erklärt sich auch sein Name. Schon im 16. Jahrhundert wurden diese Hunde beschrieben, sie existieren aber seit sehr viel längerer Zeit.

Die robusten Kerle wurden auf ausgeprägte Hütefähigkeiten hin gezüchtet. Ihre Schönheit stand dabei völlig im Hintergrund: Hier musste hart gearbeitet werden. Die Hirten waren keine Mitglieder stolzer Clans, die Wert auf Repräsentation legten. Allein auf die Qualität im Job kam es an. Deshalb wurde der Rassestandard auch erst in den Siebzigerjahren des letzten Jahrhunderts festgelegt.

Bis auf den heutigen Tag ist der Border Collie unschlagbar im Schafehüten, er ist ausdauernd, intelligent und geradezu gierig auf eine Aufgabe.

Im Vereinigten Königreich gibt es Wettbewerbe im Schafehüten, die dort sehr ernst genommen werden. Die Hunde müssen dabei ihre Herde durch einen vorgegebenen komplizierten Parcours treiben. Schäfer aus Schottland, Irland, Wales und England treten gegeneinander an, und es hat seinen Grund, dass ihre Partner im Wettstreit meist Border Collies sind.

Mit heiligem Ernst werden die Hunde dabei beobachtet, wie sie ihre Aufgabe bewältigen, und das ist eine langwierige und recht eintönige Angelegenheit. Ich staunte nicht schlecht, als ich vor Jahren einmal in Schottland den Fernseher einschaltete und dort gerade ein solches Spektakel übertragen wurde. Noch verblüffter war ich allerdings, als nach mehreren Stunden immer noch das Gleiche lief …

Noch eine weitere Variante des Collies hat Schottland hervorgebracht: den Bearded Collie. Auch er kommt aus den

Highlands und ist mit dem Collie eng verwandt. Er ist etwas größer und robuster, was sich aus seiner Aufgabe erklärt. Denn der Bearded Collie hütete nicht die Schafe, sondern die Rinderherden, musste sie eigenständig treiben und dabei unterwegs verirrte Tiere auffinden und zurückführen.

Neben den Hütehunden gibt es noch einige andere markante schottische Rassen, die ich nur kurz aufführen möchte, sonst sprengt dieses Kapitel irgendwann den Rahmen und Sie legen das Buch entnervt zur Seite. Denn Sie wollten ja kein Hundebuch lesen.

Nur der Vollständigkeit halber seien daher erwähnt: der West Highland White Terrier, auch Westie genannt, der für die Jagd in den Highlands gezüchtet wurde. Er stammt ursprünglich aus Poltalloch, sein Standard ist seit 1905 festgeschrieben. Mit seinen kurzen Beinen kann er in Dachs- und Fuchsbauten eindringen, dank der weißen Farbe ist er im Gelände gut zu erkennen. In den Neunzigerjahren wurde er bei uns eine Zeit lang als Werbeträger für Hundefutter eingesetzt und entwickelte sich dadurch zum Modehund.

Sein schwarzes Gegenstück ist der Scotch Terrier aus Aberdeen, auch er ist ein Jagdhund mit verkürzten Beinen, dank derer er in Bauten eindringen kann. Von der Hebrideninsel Skye kommt der Skye Terrier, ein kleiner, auffällig langer Geselle mit großen, halbrunden Ohren und langem, glattem Fell. Auch er ist ein kurzbeiniger Jäger. Um der Rattenplage auf ihrer Insel Herr zu werden, züchteten die Bewohner von Skye noch einen zweiten Hund: den Cairn Terrier, einen kleinen, drahtigen Kerl mit robustem, harschem Fell.

Der Scottish Deerhound ist die älteste Rasse Schottlands, er ähnelt dem Irischen Wolfshund und stammt wie dieser von keltischen Windhunden ab. Die großen, schlanken Tiere wurden zur Hirschjagd eingesetzt.

Nun ist es aber genug, meinen Sie? Ich finde auch. Neun Hunderassen. Ganz schön viel für eine einzige Region. Die Schotten sind stolz darauf. Und wenn ich mir meinen prächtigen Begleiter so ansehe, kann ich nur sagen: zu Recht!

Scotch Lamb Broth – schottische Lammsuppe

Zutaten für 4 Personen:

1 kg Lammschulter
1 Porreestange
2 Stangen Staudensellerie
1 kleine Steckrübe
6 mehlig kochende
  Kartoffeln
2 Zwiebeln
4 Möhren

80 g Graupen
1 kleines Bd. Blattpetersilie
1 l Lammfond
4 cl Whisky
Speiseöl
grobes Meersalz
Pfeffer

Zubereitung:

Den Backofen auf 180°C vorheizen. Die Lammschulter waschen, trocken tupfen, ringsum mit grobem Salz einreiben und pfeffern. Mit 1 l Wasser in einen Bräter geben und 3 Stunden lang abgedeckt im Backofen garen, bis das Fleisch zart ist und vom Knochen fällt. Das Fleisch vom Knochen lösen, in mundgerechte Stücke schneiden und beiseitestellen, Kochflüssigkeit und Knochen aufheben. Porree, Staudensellerie, Steckrübe, Kartoffeln, Zwiebeln und Möhren putzen bzw. schälen und klein schneiden. In einem großen Topf etwas Öl erhitzen und alles Gemüse 20 Minuten lang darin bei mittlerer Hitze schmoren, dabei immer wieder durchrühren. Anschließend mit dem Lammfond und der Kochflüssigkeit ablöschen, die Graupen und Knochen hinzugeben. Aufkochen, dann die Hitze reduzieren und 45 Minuten lang köcheln lassen. In der Zwischenzeit die Petersilienblättchen abzupfen und fein hacken.

Dann die Knochen herausnehmen und die Suppe kräftig rühren, sodass die Kartoffeln zerfallen und die Flüssigkeit binden. Das Fleisch hinzugeben. Aufkochen und danach bei schwacher Hitze weitere 5 bis 10 Minuten köcheln lassen. Mit Salz und Pfeffer abschmecken.

Zum Schluss die Petersilie und den Whisky einrühren. Das gibt dem Gericht einen authentischen Geschmack. Wer keinen Whisky mag, kann ihn aber auch weglassen. Mit kräftigem Graubrot servieren.

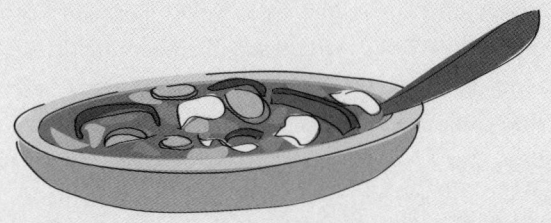

Babylonisches Sprachengewirr – von Schottischem Englisch, Scots und Gälisch

Ich denke, dass mein Englisch hinlänglich gut ist. Schließlich habe ich über längere Zeit in Liverpool gelebt. Warum aber verstehe ich kein Wort von dem, was der freundliche Wirt mir zu erklären versucht? Seine Sprache ist voller merkwürdiger ch-Laute, und viele Wörter verstehe ich überhaupt nicht. Meinen Sohn nennt er »lad« und meine Tochter »quine«, letzteres klingt ein bisschen wie Queen. Wie eine Queen fühlt sie sich zwar gerne, aber ich finde, das ist nun wirklich zu viel der Ehre.

Und das will er auch gar nicht damit sagen. Er spricht nämlich Scots, den Dialekt der schottischen Lowlands. Und in diesem Idiom heißt »quine« nichts anderes als Mädchen, und »lad« heißt Junge. Seine eigentümliche Aussprache ist dem Lokalkolorit der Lowlands geschuldet, und wenn ich ehrlich bin, habe ich die Kassiererin im Liverpooler Supermarkt auch nicht verstanden, wenn sie mich in breitem Liverpudlian angesprochen hat, dem dortigen Dialekt. Welcher Ausländer, der sich mühevoll damit abgeplagt hat, das Hochdeutsche zu erlernen, würde nicht an seinen Fähigkeiten zu zweifeln beginnen, wenn er auf einer Deutschlandreise mit waschechtem Kölsch oder Bayerisch konfrontiert wird?

Und so ist es auch mit dem Scots. Dieser Dialekt wird in den Southern Uplands, im Central Belt und an der Ostküste der Highlands gesprochen. In den Regionen gibt es dann jeweils noch örtliche Untertypen der Sprache. Scots ist von einer eigenen Art der Aussprache gekennzeichnet, besteht aber zu großen Teilen aus englischen Wörtern. Zu diesen gesellen sich Lehnwörter aus dem Gälischen, zum Beispiel »loch« für »See« oder »braw« für »schön«. Die Bezeichnung »kirk« steht für »Kirche« und ist eins der dänischen Lehnwörter des Scots, die von den Wikingern importiert wurden. Das Wort »wee« für »klein« haben wir schon im Zusammenhang mit Lassie kennengelernt, in der Kindersprache wurde daraus »wee-wee« für »Pipi«. »Bonnie« heißt »hübsch«, das kennen wir aus dem schottischen Volkslied »My Bonnie Lies Over the Ocean«. Und die Bezeichnung »quine«, mit der unser Wirt meine Tochter tituliert hat, stammt vom nordischen »kvinna« ab, was »Frau« heißt. Tatsächlich stammt auch die »queen« von diesem Wort ab. Natürlich hätte der Wirt meine Tochter auch als »lassie« bezeichnen können. Da hätte ich natürlich gewusst, dass er sie keinesfalls mit einem Hund verwechselt.

Scots ist zwar als regionales Idiom anerkannt, aber nicht als Amtssprache von Schottland. Offiziell spricht und schreibt man in Schottland »schottisches Englisch«, diese Sprache ist auch im internationalen oder im wissenschaftlichen Gebrauch akzeptiert. Sie unterscheidet sich nur durch einige Spezialbegriffe vom normalen Standardenglisch und wird geringfügig anders ausgesprochen als dieses. Es gibt einen phonetischen Konsonanten mehr, das »wh«, das als Hauchlaut ausgesprochen wird. Dafür gibt es einen phonetischen Vokal weniger, nämlich das langgezogene »u:« wie in »school«. Das sprechen die Schotten einfach kurz aus, so wie in »full«. Zum Ausgleich gibt es aber das langgezogene »o:« und »e:« an Stellen, wo es aus dem Englischen verschwunden ist. Und wo die Engländer gerne mal ein »r« verschlucken, artikuliert der Schotte jedes einzelne davon.

In den vorangegangenen Kapiteln haben wir mehrfach von einer weiteren Sprache gehört: dem Gälischen. Gälisch ist eine keltische Sprache, die in den Highlands gebräuchlich war. Ursprünglich wurde das Idiom schon im 5. Jahrhundert aus Irland eingeführt. Es verdrängte die Sprache der Pikten und entwickelte sich zu seiner eigenen Ausprägung, dem Schottisch-Gälischen, das mit dem ursprünglichen irischen Idiom nicht mehr viel gemeinsam hat. Erst mit dem Zusammenbrechen der Clan-Gesellschaft nach dem Sieg der Engländer im 18. Jahrhundert – wir erinnern uns an die verheerende Schlacht von Culloden im Jahr 1746 – begann der Untergang der gälischen Sprache Schottlands. Später taten die Highland Clearances ein Übriges dazu. Heute wird Gälisch nur noch von etwa einem Prozent der Bevölkerung Schottlands gesprochen. Diese Leute wohnen ganz im Nordwesten der Highlands und auf den vorgelagerten Inseln, insbesondere auf den Äußeren Hebriden.

Im Zuge der Rückbesinnung auf die Wurzeln und des wachsenden Nationalstolzes bemühen sich die Schotten, das Schottisch-Gälische wiederzubeleben. So gibt es in Glasgow eine gälischsprachige Schule, in der Englisch nur ein fremdsprachliches Fach ist. Edinburgh zog 2013 mit einer gälischen Grundschule nach. Das schottische Fernsehen bringt Kindersendungen und Kulturprogramme auf Gälisch mit englischen Untertiteln, und sogar die BBC hat ein solches Angebot in ihrem Programm. Dort wird außerdem auch ein gälischer Radiosender ausgestrahlt. Die Nachrichtensendungen von BBC Alba kann man täglich weltweit im Internet verfolgen.

Und wenn ich bei unserem Scots sprechenden Wirt zumindest noch eine gewisse Chance auf hinlängliche Verständigung hatte, dann bin ich spätestens beim Gälischen vollständig aufgeschmissen. Wie gut, dass alle Gälisch-Sprecher zweisprachig sind und auch das Englische beherrschen!

Traditional Balmoral Steak

Zutaten für 4 Personen:

4 nicht zu dicke Aber-
deen Angus Steaks (falls
die nicht erhältlich sind,
nehmen Sie gut abge-
hangene Entrecôtes von
Weiderindern)
250 g Crème double

200 ml Rinderfond
4 cl Whisky
250 g Cremechampignons
1 Tl körniger Senf
40 g Butterschmalz
Pfeffer
Salz

Zubereitung:

Die Pilze putzen und in Scheiben schneiden, die Steaks von beiden Seiten pfeffern und salzen. Den Backofen auf 180°C vorheizen, eine feuerfeste Form hineinstellen. Das Butter-schmalz in einer unbeschichteten Pfanne stark erhitzen und die Steaks von jeder Seite 1 Minute lang scharf anbraten. Dann die Steaks aus der Pfanne nehmen und in die feuerfeste Form im Backofen legen.

Die Pfanne mit dem Whisky ablöschen (Vorsicht, das kann spritzen!). Sobald der Whisky etwas verdampft ist, die Hitze reduzieren und den Rinderfond dazugießen. Die Pilze hin-eingeben und die Crème double sowie den Senf unterrühren. Salzen und pfeffern. Aufkochen lassen und bei starker Hitze die Flüssigkeit um die Hälfte einreduzieren.

Das sollte nicht länger als 5 Minuten dauern, weil die Steaks nicht länger im Backofen bleiben dürfen.

Die Steaks aus dem Backofen nehmen, auf Tellern anrich-ten und mit der Pilzsauce bedecken. Mit frittierten Kartof-felstücken servieren.

Von Flying, Royal und sonstigen Scotsmen – Schottlands Eisenbahn-kultur

Was wäre Harry Potter ohne den Hogwarts-Express? Schnaufend und dampfend rollt das Prachtstück von London aus in die Welt der Magie, zielgerichtet, kraftvoll und unaufhaltsam. Kein Harry-Potter-Film ohne die historische Dampflok. Und gleich drei der Filme bedienen sich zusätzlich eines der attraktivsten Bilder, die das britische Eisenbahnwesen zu bieten hat: Den fantastischen Zug auf der Fahrt über das Glenfinnan-Viadukt.

Diese gigantische Eisenbahnbrücke steht bei Glenfinnan, einem Dörflein am Loch Shiel im Westen der Highlands. Das Dorf erlangte Bekanntheit durch Bonnie Prince Charlie, der die Schotten im 18. Jahrhundert zu ihrem letzten großen Aufstand gegen die Engländer führte. Bonnie Prince Charlie kam aus dem Hause Stuart und beanspruchte den schottischen Thron für sich selbst. Er stellte seine Standarte in Glenfinnan auf und rief die Schotten zur Truppensammlung, ein Unternehmen, das in der Schlacht von Culloden endete. Ein Monument am Ufer des Lochs erinnert an diese Zeit.

Ruhmreicher ist wohl das Glenfinnan-Viadukt für den kleinen Ort. Es wurde 1898 fertiggestellt und trägt ein 380 Meter langes Teilstück der Schienentrasse bogenförmig auf 21 Betonpfeilern, die bis zu 30 Meter hoch sind, über das Tal. Zu seiner Zeit stellte das eine sagenhafte architektonische Pionierleistung dar. Noch niemals zuvor war ein solches Bauwerk aus Beton erschaffen worden. Und der Zauber des technischen Meisterwerks wirkt bis heute nach, was die Bilder aus den Harry-Potter-Filmen überzeugend unter Beweis stellen.

Das Glenfinnan-Viadukt ist Teil einer Eisenbahnstrecke, die ab Edinburgh durch die Highlands führt. Die komplette Bahnstrecke wurde 1901 fertiggestellt und ermöglichte erstmals bequeme Reisen durch die unwegsamen Highlands. Vor allem die Fischer freuten sich darüber, denn endlich war es möglich, den Fang rasch in die Städte der Lowlands zu bringen. Die langen und beschwerlichen Transportwege waren der Frische des Fischs nämlich alles andere als zuträglich gewesen. Heute wird die Strecke nur noch für den Personennahverkehr genutzt. Aber natürlich wissen die Schotten auch, wie man die Bedürfnisse ihrer Gäste nach Bahnromantik stillt.

Deshalb verkehrt in den Sommermonaten täglich außer samstags zwischen Fort William und Mallaig der dampfbetriebene Museumszug »The Jacobite« auf einem Teilabschnitt der Bahnstrecke West Highland Line. Die Fahrgäste beginnen ihre Nostalgietour am Fuß des Ben Nevis, des höchsten Berges der Britischen Inseln, und rattern in Richtung des landesweit westlichsten Bahnhofs in Arisaig. Außerdem geht es vorbei am tiefsten Süßwassersee Britanniens, dem Loch Morar, am landesweit kürzesten Fluss, dem Morar, und, um die Superlative der Reise abzurunden, am tiefsten Salzwassersee Europas, dem Loch Nevis. Aber natürlich geht es auch über das Glenfinnan-Viadukt, auf das alle großen und kleinen Harry-Potter-Fans unter den Passagieren schon sehnsüchtig gewartet haben. Die Fahrt führt zur Westküste und eröffnet schöne Blicke auf die vorgelagerten Inseln – vorausgesetzt, das Wetter spielt mit. Die einfache Fahrt mit einer Gesamtlänge von 135 Kilometern dauert zwei Stunden.

Eisenbahnromantiker haben aber in Schottland noch mehr Möglichkeiten, ihrer Leidenschaft zu frönen. Zwischen Aviemore und Boat-of-Garden verkehrt die »Strathspey Steam Railway«, ihrerseits ebenfalls Museumsbahn. Die Reisenden genießen wunderschöne Ausblicke auf die Cairngorm Mountains, während sie am River Spey entlangrattern.

Westlich von Edinburgh verkehrt die »Bo'ness and Kinniel Railway« täglich von April bis Oktober mit historischen Zügen auf einer Nebenstrecke. Hier gibt es auch ein Museum für Eisenbahnfreunde. Im Osten der Highlands fährt ab Berchin die »Caledonian Railway«, eine historische Bahn in privater Hand. Die »Royal Deeside Railway« rattert über eine kurze Strecke bei Banchory in Aberdeenshire, und mit der »Keith and Dufftown Railway« geht es von alten Dieselloks gezogen durch die Heimat des Malt Whisky. Und wer Insel- und Eisenbahnromantik verbinden will, der kommt auf der Isle of Mull auf seine Kosten, denn hier fährt die Schmalspurbahn der »Isle of Mull Railway«.

Ein ganz schöner Zugverkehr, aber damit ist es nicht genug. Wer mit der Bahn nach Schottland reisen möchte, der nimmt den »Flying Scotsman«. Jeden Morgen um 10 Uhr verlässt er Kings Cross in London und nimmt Kurs auf Edinburgh – und umgekehrt. Er ist die schnellste Landverbindung zwischen den beiden Städten und benötigt für die 623 Kilometer rund viereinhalb Stunden. Das geht natürlich nur mit modernen Hochgeschwindigkeitszügen. Es gibt aber auch eine legendäre Lokomotive gleichen Namens, die ab 1923 die Strecke bediente. Dieser Kraftprotz stellte nicht nur einen Geschwindigkeitsrekord auf, als er mit mehr als 160 Stundenkilometern dahinraste. Er schaffte mit 679 Kilometern auch einen Nonstop-Langstreckenrekord, aber das war erst 1989, als die Lokomotive in Privathand verkauft worden war und durch

Australien tourte. Heute gehört sie dem National Railway Museum und wurde inzwischen restauriert. Seit Februar 2016 hat der Flying Scotsman seinen alten Job wieder aufgenommen und zieht eisenbahnbegeisterte Nostalgiker auf Sonderfahrten über die Britische Insel.

Außerdem kann man sich noch einem anderen Scotsman überantworten: dem »Royal Scotsman«. Und das ist nun wirklich eine besondere Reise, sozusagen für die Gourmets unter den Eisenbahnfans. Der Royal Scotsman ist ein Luxuszug, der von Edinburgh aus in die Highlands fährt und verspricht, auch den Ansprüchen verwöhntester Reisegäste gerecht zu werden. Nur 36 Passagiere finden Platz in dem elitären Gefährt, und sie haben natürlich entsprechend für ihre Tour bezahlt. Dafür werden sie am Bahnhof von einem Dudelsackspieler begrüßt und dürfen über den roten Teppich schreiten. Es erwarten sie zwei mahagonivertäfelte Speisewagen, ein Salonwagen mit bequemen Sesseln und Außenterrasse und vier Schlafwagen mit luxuriösen Einzel- und Doppelkabinen, selbstverständlich mit eigenem Bad. Eine strenge Kleiderordnung unterstreicht das vornehme Ambiente. Man kann verschiedene Arrangements buchen und ganz nach Wunsch unterwegs Whisky-Destillerien oder die Highland Games besuchen, Schlösser und Burgen oder ganz bodenständige Fischersleute. Und selbstverständlich ist auch eine Fahrt über das Glenfinnan-Viadukt vorgesehen.

Wer den Anblick dieses Bauwerks lieber vom Boden aus genießen möchte, der befährt die Landstraße von Fort William aus in Richtung Westen, biegt nach dem Parkplatz, von dem aus man zum Glenfinnan-Monument gelangt, an der nächsten Straße rechts ab und parkt gleich dort. Nun sind es nur noch etwa 400 Meter, dann führt die schmale Privatstraße unter der Brücke hindurch. Hinter der Brücke kann man links den Berg hochgehen. Von oben genießt man einen tollen Blick auf das Viadukt und Loch Shiel. Über ein Gatter gelangt man direkt zu den Schienen, aber es versteht sich natürlich von selbst, dass man die Brücke nicht betreten darf. Sollte ein Zug kommen, gibt es dort nämlich keine Ausweichmöglichkeit mehr. Und dann sind 30 Meter plötzlich ganz schön hoch!

Bannock — Fladenbrot aus den Highlands

Zutaten:

125 g Hafermehl
2 El geschmolzenes Fett
  (traditionell ausgelassener
  Speck, Butter tut es aber
  auch)

2 gestrichene Tl Natron
1 Tl Salz
ein wenig mehr Hafermehl
  zum Kneten
Butter für die Pfanne

Zubereitung:

Hafermehl, Salz und Natron vermischen, eine Kuhle in die Mitte drücken und das heiße geschmolzene Fett hineingeben. Mit einem Holzlöffel gut verrühren. So lange tropfenweise heißes Wasser beimengen, bis eine zähe Paste entstanden ist.

Eine Arbeitsfläche mit wenig Hafermehl bestreuen, die Masse daraufgeben und durchkneten. Das muss schnell geschehen, denn die Masse ist nicht mehr so leicht zu verarbeiten, wenn sie abgekühlt ist.

In zwei Teile aufteilen, beide zu einer Kugel formen und ca. ½ cm dick ausrollen. Einen Teller, der etwas kleiner als die Pfanne ist, darauflegen und rundum den Rand abschneiden. (Falls man keinen passenden Teller hat, muss man das eben einfach frei Hand erledigen.) In Viertel zerschneiden, die Stücke nennt man »farls«. (Dieser Bezeichnung begegnen Sie auch bei entsprechend geschnittenem Shortbread.)

Eine Pfanne erhitzen und etwas Butter darin zerlassen. Den Teig so lange braten, bis die Ecken sich leicht aufrollen, dann wenden. Das sollte etwa 3 Minuten bei der ersten Seite und etwas weniger lange bei der zweiten Seite dauern.

Braucht man größere Mengen des Brotes, ist es günstiger, den Teig nacheinander jeweils frisch zuzubereiten. Konsistenz und Geschmack sind dann besser.

Dieses urtümliche Brot gibt es in den Highlands in zahlreichen Varianten, jede Familie hat ihr eigenes Rezept. Ursprünglich backte man es ohne Backtriebmittel in glühender Asche vor, danach röstete man es noch einmal in einer flachen Pfanne nach.

Die Bezeichnung »bannock« stammt vom gälischen »bannach« ab, welches seinerseits vom lateinischen »panicium« herstammt. Ein englisch-lateinisches Wörterbuch von 1483 übersetzt »bannock« mit »focacius«. Das neuzeitliche italienische Pendant ist dementsprechend die »Focaccia«, ebenfalls ein Fladenbrot aus dem Feuer.

Bannock ist Standardproviant bei Treckingtouren in den Highlands, denn es kann leicht transportiert werden und die Zutaten sind lange haltbar. In der mitgebrachten Trekkingpfanne ist es über dem abendlichen Lagerfeuer schnell zubereitet. Am besten schmeckt es frisch aus dem Ofen oder von der Feuerstelle.

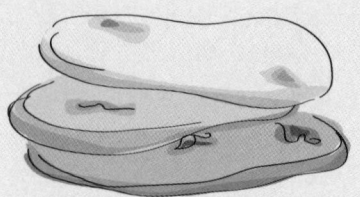

Dunkle Ritter gegen Helden der Highlands – Eilean Donan Castle

Nun wird es aber Zeit, dass wir uns endlich dem vielleicht berühmtesten schottischen Castle zuwenden: dem Eilean Donan Castle. Trutzig und düster hebt es sich aus dem Loch, umgeben von steilen, kargen Berghängen, geheimnisvoll und gleichzeitig voller Verheißung. Hier scheint die ruhmreiche Vergangenheit Schottlands noch lebendig zu sein. Fast möchte man annehmen, das trutzige Gemäuer sei von dunklen Rittern und mächtigen Clanführern bewohnt.

Wer als Kind die russisch-skandinavische Verfilmung von Astrid Lindgrens »Mio, mein Mio« gesehen hat, war tief beeindruckt vom bösen Ritter Kato, den Christopher Lee so eindringlich verkörperte. Diese Inkarnation des Bösen hauste in einer finsteren Burg, die nur über eine lange steinerne Brücke zu erreichen war. Unheilverheißend hob sich ihr Gemäuer in den wolkenverhangenen Himmel, umkreist von zahllosen Vögeln. Dieses Bild hat sich eingeprägt, bedrohlich und verlockend zugleich, verspricht es doch ein gefährliches, aber auch romantisches Abenteuer ohnegleichen. Sie haben es schon erraten: Als Filmkulisse diente nichts anderes als das Eilean Donan Castle in den schottischen Highlands.

Und was den Kindern ihre Lindgren-Geschichte, das ist den Erwachsenen der »Highlander« – es kann nur einen geben! Zwar ist die Filmszene nur kurz, in welcher der Clan der MacLeods aufbricht, um in den Krieg zu ziehen. Doch es ist eines der stärksten Bilder des Films. Die Krieger reiten über eine lange Steinbrücke, und im Hintergrund hebt sich beeindruckend das Eilean Donan Castle. Spätestens jetzt erhielt es einen festen Platz auf der Reisewunschliste aller, die von der Highlandromantik des Streifens in den Bann gezogen worden waren. Da wäre es gar nicht mehr nötig gewesen, dass Pierce Brosnan als James Bond in »Die Welt ist nicht genug« zum Eilean Donan Castle reiste, um das Böse zu bekämpfen. In der Burg residierte in diesem Fall der britische Geheimdienst MI6.

Und das waren bei weitem nicht alle Filme, deren Macher die Einzigartigkeit des Eilean Donan Castle zu nutzen wussten: Da gibt es noch »Prinz Eisenherz«, »Bonnie Prince Charlie«, »Braveheart«, »Nessie« oder »Rob Roy«, um nur einige zu nennen. Sogar Bollywood ist schon dagewesen. Die Affinität der Regisseure zu dieser Kulisse ist absolut nachvollziehbar. Leider bringt sie aber auch einen großen Nachteil mit sich: Die schöne Burg wurde so berühmt, dass man kommen kann, wann immer man will, die anderen sind schon da. Richten Sie sich also darauf ein, die Burgromantik mit zahlreichen anderen Besuchern teilen zu müssen.

Der Name der Burg ist Gälisch und bedeutet »Donans Insel«. Man spricht ihn übrigens ungefähr wie »Älän Donnen« aus. Alten Legenden zufolge soll hier einmal ein christlicher Heiliger namens Donan gelebt haben, bevor ihn eine piktische Königin verbrennen ließ. Das soll schon im 7. Jahrhundert gewesen sein, und man möchte gerne glauben, dass die Gemäuer der Burg, die auf einer kleinen Insel im Loch liegen, so alt sind. Sind sie aber gar nicht.

Die Burg, wie sie sich heute aus Loch Duich erhebt, wurde erst 1932 nach 20-jähriger Bauzeit fertiggestellt. Aber seien Sie jetzt nicht zu enttäuscht, denn natürlich ist die Geschichte der Burg deutlich älter. Im 13. Jahrhundert errichtete man eine erste Burg mit Mauern und Wohnturm, um sich gegen die immer häufiger vorkommenden Überfälle durch nordische Freibeuter zu verteidigen. Die Lage im Loch Duich ist nämlich strategisch sehr günstig. Hier teilt sich der Meerarm des Loch Alsh und reicht mit Loch Duich und Loch Long weiter bis tief ins Innere der Highlands. Wer dort hingelangen wollte, musste hier erst einmal vorbeikommen.

Robert the Bruce, König von Schottland während des ersten Unabhängigkeitskrieges gegen die Engländer im 14. Jahrhundert, zog sich auf seiner Flucht hierher zurück und hoffte auf Unterstützung durch den Clan der Mackenzies of Kintail, der im Eilean Donan Castle residierte. Sein Plan ging jedoch nicht auf. Die Engländer siegten und entmachteten die Mackenzies. In der Folgezeit übernahm der Clan der McRae die Burg und machte sie zu seinem Stammsitz.

Erst während der Unabhängigkeitskämpfe im 18. Jahrhundert wurde es richtig brenzlig um Eilean Donan Castle: Spanier waren gekommen, um die aufständischen schottischen Jakobiten zu unterstützen, gemeinsam verschanzte man sich in der Burg und wartete auf weitere Streitkräfte aus Spanien. Die kamen aber nicht, stattdessen schickte die Royal Navy ein paar Fregatten in die Bucht. Im darauffolgenden Scharmützel wurde die Burg drei Tage lang beschossen, dann stürmten die Engländer sie und sprengten sie am Ende mit 300 Fässern Schießpulver, die sie in den Vorratskammern gefunden hatten, in die Luft. Und das war's mit Eilean Donan Castle.

Erst 1912 begann ein Nachfahre der McRaes mit der Restaurierung und verwirklichte im Lauf der nächsten beiden Jahrzehnte seinen Traum von der originalgetreuen Wiederherstellung der Burg. Seit 1955 ist sie als Museum für Besucher zugänglich. Und die kommen in Scharen: Mehr als 300.000

sollen es jedes Jahr sein. Eilean Donan Castle ist eines der begehrtesten Fotomotive Schottlands. Auf der Führung durch die Burg werden nicht nur die prächtigen Repräsentations-räume gezeigt, sondern auch Geheimkammern, die die Fanta-sie beflügeln. Ganz besonders natürlich auch deshalb, weil der Guide selbstverständlich Kilt trägt und seine Ausführungen inbrünstig in schottischem Englisch vorträgt. Und das sollte man sich nicht entgehen lassen!

Scotch Crumpets – Pfannkuchen auf schottische Art

Zutaten für etwa 12 Crumpets:

4 Eier

400 ml Milch

250 g Mehl

35 g Zucker

2 El geschmolzene Butter

1 Prise Salz

Butter für die Pfanne

Zubereitung:

Die Eier in Eiweiß und Eigelb trennen. Die Eigelbe in einer Schüssel kräftig aufschlagen, Zucker und Salz unterrühren. Das Mehl hineinsieben, die geschmolzene Butter und die Milch ebenfalls unterrühren, bis ein dünnflüssiger Teig entstanden ist, der ungefähr die Konsistenz von Sahne hat. Die Eiweiße steifschlagen und vorsichtig mit einem Löffel unter den Teig heben.

In einer großen Pfanne wenig Butter erhitzen und gut in der Pfanne verteilen. Dann mit dem Löffel so lange Teig in die Pfanne geben, bis sie zu etwa vier Fünftel dünn damit ausgefüllt ist. Die Pfanne etwas anheben und drehen, bis der Teig sie ganz ausfüllt. Wenn der Teig auf der Unterseite gebräunt ist und oben beginnt, kleine Bläschen zu bilden, mithilfe des Topfdeckels wenden und kurz von der anderen Seite braten. Wer es sich zutraut, darf die Crumpets auch gerne in die Luft schleudern und gekonnt mit der Pfanne auffangen. Viel Erfolg dabei.

Man bestreicht die warmen Crumpets mit Butter oder Marmelade und rollt sie vor dem Verzehr auf.

Dem Himmel ganz nah – Isle of Skye

Wenn Sie es bis hinauf zum Eilean Donan Castle geschafft haben, dann sind Sie schon fast da: Nur noch ein kurzes Stück weiter die A87 entlang, und Sie erreichen Kyle of Lochalsh, kurz dahinter liegt die Skye Bridge. Die reicht zwar nicht bis in den Himmel (dafür hat sie ja auch ein »e« zu viel), aber fast: Sie bringt Sie auf die Isle of Skye, und die wurde vom National Geographic Magazine zur viertschönsten Insel weltweit gekürt. Denn hier gibt es die vielleicht atemberaubendsten Landschaften, die die schottischen Highlands zu bieten haben.

Die Isle of Skye gehört zu den Inneren Hebriden. Ihre Landfläche ist so zerklüftet und eingekerbt, dass kein Punkt der Insel weiter als acht Kilometer vom Meer entfernt ist. Dabei ist die Insel ziemlich groß: 80 Kilometer lang und bis zu 40 Kilometer breit. Gut 9.000 Menschen leben auf der Isle of Skye, und spätestens hier begegnen wir Leuten, die Gälisch sprechen. Denn das sind immerhin 30 Prozent davon.

Zahlreiche Funde zeugen von der Besiedlung der Insel schon in prähistorischer Zeit. Da gibt es Spuren alter Befestigungsanlagen, Menhire und Steinkreise. Columban, der allgegenwärtige Missionar aus dem 6. Jahrhundert, besuchte die Insel zweimal. Zu seiner Zeit war die Isle of Skye Teil des irischen Keltenreichs Dalriada. Später kamen die Wikinger, besetzten den Südteil der Insel und vermischten sich in der Folge mit den im Norden lebenden Kelten. Ungefähr seit dem Jahr 1000 lag die Macht auf der Insel bei Clans mit norwegischen Wurzeln. »Lords of the Isles« nannten sich die nordischen Herrscher aus den untereinander verfeindeten Clans der MacDonalds und der MacLeods, die erst im 15. Jahrhundert endgültig von den Schotten entmachtet wurden. Die Hauptburg der MacDonalds, das Armadale Castle, liegt im Süden von Skye und ist weitgehend verfallen. Trotzdem gilt sie als Attraktion, denn der Golfstrom sorgt hier für mildes Klima. Die wiederhergestellten Gartenanlagen der Burg sind entsprechend üppig und lassen auch exotische Pflanzen gedeihen.

Im Norden der Isle of Skye findet man die Hauptburg der MacLeods, Dunvegan Castle. Einzig dieses Schloss ist der Sitz des Clans, und keineswegs das Eilean Donan Castle, wie es uns der Highlander-Film glauben machen wollte. Es ist das älteste durchgehend bewohnte Schloss Schottlands, 800 Jahre lang diente es der Familie als Wohnsitz. Auch hier gibt es einen vom Golfstrom begünstigten Park, in dem neben vielen anderen Gewächsen beispielsweise mächtige Araukarien und üppige Rhododendren wachsen. Mystischer ist allerdings das magische Banner, eine Fahne, die dem Stammesfürsten einst von Feen übergeben worden sein soll, um den MacLeods in der Schlacht zum Sieg zu verhelfen. Vermutlich stammt diese Feen-Fahne aus der Zeit der Kreuzzüge. Man kann sie sich im Burgmuseum anschauen.

Zu den großartigsten Anblicken der Isle of Skye gehört aber »The Old Man of Storr«. Diese bizarre, 50 Meter hoch aufragende Felsnadel aus vulkanischem Gestein befindet sich auf der Halbinsel Trotternish im Nordosten von Skye und wurde durch einen gigantischen Erdrutsch freigegeben. Der Untergrund ist hier nämlich ziemlich instabil. Trotzdem kann man getrost die Wanderung zu dem Naturwunder wagen, denn der Erdrutsch ereignete sich schon in grauer Vorzeit. Es waren die Folgen der letzten Eiszeit, als mächtige Gletscher die Landschaft geformt hatten und ihr allmählicher Rückzug die Erde schließlich zum Rutschen brachte. Die Panoramen, die die steil aufgerichtete Felsnadel, der zugehörige schroffe Felsgrat und die dahinterliegende Ebene dem Wanderer bieten, sind wirklich grandios.

Und im Westen, ganz am äußersten Ende der Insel, wartet noch ein besonderes Schmankerl auf alle, die es geschafft haben, bis hierher vorzudringen: Nest Point mit seiner steil aufragenden Klippe, die wie eine Startrampe zielstrebig in den Atlantik hinausragt. Dahinter versteckt sich als letzter Außenposten des Landes fast schüchtern noch ein flaches Plateau mit einem Leuchtturm, der angesichts der mächtigen Felsen fast zwergenhaft wirkt. Tatsächlich ist er nur 19 Meter hoch, erreicht aber dank des Kliffs immerhin eine Feuerhöhe von 43 Metern. Nest Point mit seiner markanten Form ist nach dem Old Man of Storr das beliebteste Fotomotiv der Isle of Skye.

In Schottland finden Sternengucker übrigens einige der dunkelsten Nachthimmel Europas. Am allerbesten sollen sich Sterne aber auf der Isle of Skye beobachten lassen. Wobei wir dem Himmel dann doch recht nahegekommen sind.

Cream Crowdie – schottisches Rahm-Dessert

Zutaten für 4 Personen:

250 ml Sahne
400 g Himbeeren
4 El Haferflocken

40 g Butter
40 ml Whisky
50 ml flüssiger Honig

Zubereitung:

Die Butter in einem Topf schmelzen und sodann die Haferflocken dazugeben. Bei niedriger Hitze 5 Minuten lang rösten, dabei ständig rühren. Anschließend abkühlen lassen.

Die Sahne steif schlagen. Zum Schluss Whisky sowie Honig dazugeben und kurz kräftig unterschlagen. Danach die Hälfte der abgekühlten Haferflocken unterheben.

In vier hohe Portionsgläser immer abwechselnd eine Schicht Himbeeren und eine Schicht der Sahnemasse schichten, die Sahne bildet die letzte Schicht. Drei Stunden lang im Kühlschrank durchziehen lassen und vor dem Servieren mit den restlichen Haferflocken bestreuen. Zur Abwechslung kann man auch Erdbeeren oder Blaubeeren verwenden.

Eine Königin im Unglück – Maria Stuart

Stolz erhebt sich der Palast von Linlithgow, eine prachtvolle Trutzburg am Ufer des gleichnamigen Lochs, 25 Kilometer westlich von Edinburgh. Es ist ein kalter Dezemberabend, schwere Wolken jagen über den dunklen Himmel, Wind peitscht die Wasser des Lochs auf. Doch die Fenster des Palastes sind hell erleuchtet. Fackeln spenden ihr flackerndes Licht, und eifrig hält die Dienerschaft sämtliche Kaminfeuer in Gang. Denn der Palast ist die Residenz des Königs von Schottland, und dessen Ehefrau ist anwesend.

Es ist ein schicksalhafter Dezember. Marie de Guise, die aus Frankreich stammende Gemahlin des Königs, liegt in den Wehen. Alle Hoffnungen Schottlands ruhen auf ihr und dem Kind, das sie gebären wird. Denn die beiden einzigen Söhne des Königs sind tot. Er ist ohne Thronerben. Und, als wenn diese Tatsache nicht fürchterlich genug wäre, es geht ihm selbst nicht gut. Seine Ärzte schreiten mit tief besorgten Gesichtern durch eine andere Burg, den Falkland Palace im Osten von Schottland. Er ist das Jagdschloss des Königs. Hierher hat er sich zurückgezogen, nachdem er und seine Streitmacht von den Engländern vernichtend geschlagen wurden. Herzkrank und gramgebeugt liegt der erst 30 Jahre alte König danieder.

Die Ärzte wissen keinen Rat mehr. Wird der König von Schottland sterben, ohne einen Nachfolger zu hinterlassen?

Und das in dieser dramatischen Zeit! Immer wieder gibt es Unruhen zwischen den schottischen Clans und außerdem den ewigen Machtkampf mit England.

Es ist der 8. Dezember 1542, eine Schicksalsnacht für das schottische Königreich. Denn Marie de Guise gebiert eine Tochter, die auf den Namen Mary getauft wird. Sechs Tage später ist der Vater des Mädchens tot. Die Nachricht, dass seine Gattin nicht den erhofften Sohn geboren hat, gibt ihm den Rest. »It began with a lass, and it will end with a lass!«, sagt er auf dem Sterbebett – es hat mit einem Mädchen angefangen, es wird mit einem Mädchen enden. Das Baby Mary ist Maria Stuart, Königin von Schottland.

Die Regierungsgeschäfte übernimmt zunächst der Earl of Arran, später wird Marys Mutter die Sache in die Hand nehmen. Einfach ist das alles nicht. Der König hat zwar 10.000 Schafe hinterlassen, aber weder Geld noch Armee.

Dennoch ist seine kleine Tochter sehr begehrt. Im Alter von neun Monaten ist sie offiziell zur Königin von Schottland gekrönt worden. Man hat ihr ein prachtvolles Krönungsgewand geschneidert, eine Miniaturausgabe des traditionellen Krönungsornats. Heinrich VIII. von England wirbt sofort um ihre Hand für seinen Sohn Eduard, der immerhin schon fünf Jahre alt ist. Mit der Hochzeit wäre das englische Haus Tudor mit dem schottischen Königshaus Stuart vereint. England und Schottland wären ein einziges Königreich und aller Streit wäre ein für alle Mal beendet. So denkt Heinrich. Aber es wird anders kommen.

Heinrich verlangt, dass die kleine Mary sofort an seinen Hof geschickt werden soll, damit nichts mehr seinen schönen Plan vereiteln kann. Das aber missfällt Marie de Guise, der Mutter Marys, und sie lehnt entschieden ab. Daraufhin schickt Heinrich seine Truppen, um das Kleinkind mit Gewalt zu rauben. Marie de Guise versteckt Mary erfolgreich, doch nun herrscht wieder einmal bittere Zwietracht zwischen England und Schottland. Um ihre Tochter vor englischer Unbill zu bewahren und ihr gleichzeitig den Weg in eine prosperierende Zukunft zu ebnen, ergreift Marie de Guise andere Maßnahmen.

Selbst Französin, ersinnt sie eine Verbindung zwischen Maria und dem ein Jahr jüngeren französischen Thronerben Dauphin. Im Alter von fünf Jahren kommt Maria an den französischen Hof, wo sie aufwächst, bis sie schließlich im Alter von 15 Jahren mit Dauphin verheiratet wird. Schon bald darauf wird dieser König Franz II. von Frankreich.

Maria ist jetzt ein hübsches und aufgewecktes Mädchen. Sie spricht Französisch, Lateinisch, Spanisch, Italienisch und Scots. Sie kann reiten, spielt zwei Musikinstrumente und versteht etwas von Falknerei. Und sie ist durchaus eigenwillig. Mit ihrer Schwiegermutter, Caterina de' Medici, verträgt sie sich deshalb überhaupt nicht.

Als der junge König an Tuberkulose erkrankt und stirbt, übernimmt Caterina die Regentschaft in Frankreich für ihren anderen Sohn, der noch zu jung dafür ist. Sie kündigt den Schutzvertrag mit Schottland und erkennt Elisabeth I., die Tante zweiten Grades von Maria und ungeliebte Tochter Heinrichs VIII., als Königin von England an. Denn Heinrich ist tot, und sein Sohn und rechtmäßiger Thronerbe Eduard ist zwischenzeitlich im Alter von 15 Jahren gestorben.

Das ist genug für Maria. Sie verlässt Frankreich und kehrt nach Schottland zurück. Als überzeugte Katholikin ist sie dort aber weniger gut gelitten, als sie es erwartet hat. Viele Schotten sind nämlich inzwischen Protestanten, nachdem Heinrich VIII. das Religionswesen auf der Britischen Insel über den Haufen geworfen hat.

Die neun Jahre ältere Königin Elisabeth I. von England ist kinderlos, und sie ist nun schon fast 30 Jahre alt. Aufgrund der Verwandtschaftsverhältnisse wäre Maria Erbin des Throns von England, wenn Elisabeth keine Kinder mehr bekommen sollte. Erschwerend kommt hinzu, dass Vater Heinrich seine Tochter Elisabeth als illegitim erklärt hatte, daher ist sie keineswegs von allen Engländern als Königin anerkannt. Diesen Abtrünnigen wäre Maria lieber, zumal sie Katholikin ist und nicht Protestantin wie Elisabeth.

Maria bemüht sich in diesen Jahren durchaus um eine Verständigung mit Elisabeth. Die beiden Frauen tauschen Briefe scheinheiligen Inhalts aus, aber zu einer Begegnung kommt es nicht. Elisabeth hält nichts von ihrer jungen schottischen Verwandten. Denn tatsächlich erhebt Maria Anspruch auf den englischen Thron. Die Fronten verhärten sich.

Mit 23 verliebt sich Maria in Lord Darnley. Die beiden heiraten 1565. Aber die Ehe funktioniert nicht, Lord Darnley ist ambitioniert und eifersüchtig. Er lässt sich sogar dazu hinreißen, ein Komplott zur Entmachtung Marias zu schmieden, um selbst König von Schottland zu werden. Außerdem freundet sich Maria in seinen Augen zu sehr mit ihrem Privatsekretär an. Lord Darnley lässt diesen kurzerhand ermorden. Kein Wunder, dass Maria ihrem Gemahl nun nicht mehr wohlgesonnen ist, und es überrascht auch nicht, dass Lord Darnley wenig später bei einer Explosion in seinem Haus in Edinburgh ums Leben kommt.

Ob Maria tatsächlich bei seinem Tod die Finger im Spiel hatte, konnte nie geklärt werden. Sie hat sich aber in der Zwischenzeit frisch verliebt und heiratet ein Vierteljahr nach der Ermordung Lord Darnleys erneut, was sich als ihr Kardinalfehler erweisen soll. Ihr dritter Mann, der Earl of Bothwell, steht nämlich bezüglich des Verbrechens an Lord Darnley unter

dringendem Tatverdacht. Das sorgt für Aufruhr unter Schott-
lands Adelselite. Die Lords greifen zu den Waffen, entmachten
Maria und setzen sie im Lochleven Castle gefangen. Maria, die
im Jahr zuvor Mutter eines Sohnes geworden ist, erleidet eine
Totgeburt von Zwillingen. Man zwingt sie, zugunsten ihres
Sohnes abzudanken.

Im Jahr darauf gelingt ihr die Flucht. Sie kommt bis Carlisle
in Nordengland, wo Elisabeth I. sie verhaften und einsperren lässt. 18 Jahre lang wird sie von nun an in verschiedenen
Kerkern sitzen. Ihr dritter Mann ist unterdessen nach Norwegen geflohen, dort verhaftet und in Dänemark eingekerkert
worden. Er verfällt dem Wahnsinn und stirbt 1578.

Maria versucht in den Jahren ihrer Kerkerzeit verzwei-
felt, Verbündete zu finden. Schließlich wird ein Briefwechsel
zwischen ihr und anderen Gegnern Elisabeths abgefangen, in
dem die Ermordung Elisabeths und die Einsetzung Marias
als Königin von England geplant wird. Zur Unterstützung des
Vorhabens rüsten die Spanier bereits ihre Armada auf, denn
auch sie befürworten eine katholische Herrschaft in England
und wollen die protestantische Elisabeth loswerden.

Die Verschwörer werden gefasst und hingerichtet. Maria
Stuart wird der Prozess gemacht, der am 25. September 1586
mit ihrem Todesurteil endet. Am 8. Februar 1587 wird das
Urteil vollstreckt.

Maria Stuart, zum Abdanken gezwungene Königin von
Schottland, ehemalige Königin von Frankreich und Anwär-
terin auf den englischen Thron, wird in der Kathedrale von
Peterborough beigesetzt. Ihr Sohn Jakob, König von Schottland und nach dem Tod Elisabeths auch König von England,
lässt ihren Sarg später in die Westminster Abbey überführen.
Dort ruht sie seitdem, nur ganze neun Meter von ihrer Erz-
feindin Elisabeth entfernt.

Die Spanier sollten trotzdem kommen und England mit ihrer Armada angreifen. Doch auch dieses Vorhaben scheitert grandios. England bleibt protestantisch. Die hochdramatische Geschichte der Feindschaft zweier Frauen aber bietet noch heute Stoff für Literatur, Theater und Film.

1746 zerstörte ein Großbrand den Palast von Linlithgow, wo Maria Stuart einst das Licht der Welt erblickte. Seine Ruine ist noch immer beeindruckend, ganz wie die Geschichte der dort geborenen Königin.

Scotch Vegetable Broth – Gemüsesuppe auf schottische Art

Zutaten für 4 Personen:

4 kleine weiße Rüben
(Herbstrüben, wahlweise
auch Mairübchen, Teltower
Rübchen oder Bayerische
Rüben)
3 Porreestangen
4 Möhren
3 Stangen Staudensellerie

1 l Gemüsebrühe
2 Zwiebeln
100 g Gerste
1 Bd. Blattpetersilie
80 g Butter
Pfeffer
Salz

Zubereitung:

Das Gemüse putzen bzw. schälen und grob würfeln, Porree und Staudensellerie in Scheiben schneiden. Die Gerste in einem Sieb gründlich abspülen.

Die Butter in einem Topf schmelzen und dann das Gemüse hineingeben. Abdecken und bei schwacher Hitze 5 Minuten lang anschwitzen, dabei mehrfach aufschütteln, damit das Gemüse mit Butter bedeckt wird. Mit der Gemüsebrühe ablöschen, die Gerste hinzufügen und aufkochen lassen. Mit Salz und Pfeffer abschmecken und 1 bis 1½ Stunden lang bei geringer Hitze köcheln lassen, bis die Gerste weich ist. Eventuell etwas Wasser nachgießen.

Die Petersilienblättchen abzupfen, fein hacken und kurz vor dem Servieren unterrühren. Nicht mehr aufkochen lassen. Mit Brot servieren.

Ski und Rodel gut – die Cairngorms

Erinnern Sie sich an Eddie the Eagle? Das war der Spitzname des britischen Skispringers Michael Edwards, der 1988 an den olympischen Winterspielen in Calgary teilnahm. Er wurde zugleich belächelt und bewundert – belächelt wegen seiner skurrilen Außenseiterrolle, seines leicht tollpatschig und hilflos wirkenden Auftretens – der arme Kerl musste ständig seine beschlagenen Brillengläser putzen – und natürlich in erster Linie wegen seiner völligen Chancenlosigkeit. Aber man bewunderte ihn wegen seines Muts. Eddie the Eagle wurde Letzter, aber er war der unangefochtene Publikumsliebling.

Doch spätestens seit dieser Zeit weiß man: Wintersport ist nichts für Briten. Eine Skipiste in Schottland? Das kann wohl nur ein schlechter Witz sein. Bestenfalls ein schneeloser Idiotenhügel. Doch weit gefehlt!

Im Südosten der Highlands heben sich die 16 Gipfel der Cairngorms bis zu 1.300 Meter in die Höhe. Das ist nicht sehr hoch, wenn man es mit den Alpen vergleicht, aber doch ganz schön viel, wenn man bedenkt, dass sich das Meer ganz in der Nähe befindet. Drei Skigebiete gibt es hier, und der Ferienort Aviemore hat sich deshalb ganz auf den Wintersport spezialisiert. Die zwei Kilometer lange Standseilbahn der Cairngorm Mountain Railway bringt Skibegeisterte und Wanderer seit 2001 in Gipfelnähe und überwindet dabei 462 Höhenmeter. Schlepplifte erledigen anschließend den Rest der Anreise. Früher gab es eine Seilbahn, die aber wegen des heftigen

Windes zu oft beschädigt wurde und ausfiel. Standseilbahn und Schlepplifte erweisen sich als deutlich robuster.

Oben erwartet die Sportler das größte Skigebiet Britanniens mit immerhin stolzen 30 Pistenkilometern, mitten im größten Nationalpark der Britischen Inseln. Die Cairngorms haben eine einzigartige Tundralandschaft mit großen Gebieten Kaledonischen Waldes. Doch diese schmiegen sich in die Täler und rahmen die kahlen Berge ein, die jetzt im Winter schneebedeckt in den Himmel ragen. Auf ihren Gipfeln pfeift der eisige Nordwind.

Und wie der pfeift! Die Verhältnisse sind mitunter so apokalyptisch, dass Extrembergsteiger vor Touren in den Himalaya zum Training in die Cairngorms kommen. Hier sind die Bedingungen nämlich oft ganz ähnlich wie auf 8.000 Metern Höhe im Himalaya. Da bleibt den Bäumen keine Chance, die Berggipfel sind blankgefegt. Freie Bahn also, Ski und Rodel gut, könnte man meinen. Doch der Sturm bläst auch den Schnee davon, an den Abfahrten mussten daher Schneezäune aufgestellt werden, um das zu verhindern. Und wenn es ganz schlimm kommt, erstarren Skiläufer mitten auf der Abfahrt im heftigen Gegenwind zur Unbeweglichkeit.

Das schottische Wetter kann wirklich eine Plage sein. Aber es hat ja auch den Vorteil, abrupt zu wechseln. Dann legt sich der Sturm so plötzlich, wie er gekommen ist, die Sonne kommt hinter den Wolken hervor und erstrahlt über einer märchenhaft schönen Welt aus glitzerndem Schnee. Der Blick reicht von der Nordsee im Osten bis zur Schottischen See im Westen, über dichten Kaledonischen Wald, blau leuchtende Lochs, über Moore und Sümpfe, eine endlos weite Landschaft von surrealer Schönheit.

In den Siebziger- und Achtzigerjahren sprach es sich auf der ganzen Insel herum: Dort oben in Schottland kann man

Skifahren! Es entstand ein wahrer Boom, Sonderzüge brachten Wintersportbegeisterte aus dem Süden des Königreichs
herbei, an den Skiliften wuchsen die Warteschlangen. Dann,
seit den Neunzigerjahren, ging es langsam wieder bergab.
Mit den Billigfliegern kam man schnell und günstig in die
doch weitaus größeren Skigebiete der Alpen. Außerdem ist es
da zumeist nicht ganz so ungemütlich wie im Nordwind der
Cairngorms. Geld für größere Investitionen fehlte seitdem,
sodass den schottischen Skigebieten etwas liebenswert Altmo-
disches anhaftet. Aber das ist nicht weiter schlimm, denn die
ganzen Highlands sind vom Geist des Altertümlichen beseelt.
Das macht schließlich einen nicht unerheblichen Teil ihres
Charmes aus. Und so wirkt auch das hiesige Après-Ski-Ver-
gnügen ein kleines bisschen angestaubt.

Auf den Pisten der Cairngorms gibt es keinen ehrgeizigen
Spitzensport, keine aufgedonnerten Pistenhäschen und keine
rüpelhaften Selbstdarsteller. Hier wird ernsthaft Ski gefahren,
elegant, gelassen und unter der Flagge britischer Politeness.
Denn Skifahrer aus dem Ausland sind hier eher Exoten. Man
bleibt unter sich und trifft sich am Abend ganz gediegen zum
Whisky am Kaminfeuer.

Dann erzählt man sich gerne von den Mythen und Legenden, die dieses Land genauso wie der eisige Wind umwehen.
Die Geschichte vom »Grey Man« zum Beispiel. Seit der letzten
Jahrtausendwende taucht der graue Mann immer öfter an den
Hängen des Ben Macdhui auf, des höchsten Berges der Cairngorms. Aber auch aus dem letzten Jahrhundert sind erschre-
ckende Berichte überliefert. Augenzeugen haben ihn als große,
affenähnliche und leicht nebelhafte Gestalt beschrieben. Bos-
haft auf jeden Fall, denn er verursacht blinde Panik bei allen,
die ihm begegnen. Und das ist gefährlich in den Schneebergen.
Wer ist der Grey Man? Ein schottischer Yeti?

Wohlig fröstelnd rutsche ich ein Stückchen näher an den Kamin und bitte einen der Erzähler um einen weiteren Whisky. Und um eine weitere Geschichte. Er schmunzelt. Geistergeschichten möchte ich hören? Da bin ich in Schottland am richtigen Ort!

Rich Pork Hotpot

Zutaten für 4 Personen:

600 g Schweinefilet
2 Zwiebeln
300 g Champignons
100 ml Fleischfond
100 ml Whisky
  (blended, nicht Malt)

100 ml Apfelsaft
1 El Senf
100 ml Sahne
60 g Butter
Salz
Pfeffer

Zubereitung:

Das Fleisch parieren und in mundgerechte Streifen schneiden. Die Zwiebeln schälen und würfeln, die Pilze putzen und
in Scheiben schneiden.

Die Butter in einer Pfanne erhitzen und das Fleisch darin
bräunen. Pilze und Zwiebeln beigeben und etwa 5 Minuten
lang mitschmoren lassen. Mit dem Fleischfond, Whisky und
Apfelsaft ablöschen und den Senf einrühren. Pfeffern, salzen
und aufkochen lassen. Dann die Hitze reduzieren und die
Pfanne mit dem Deckel verschließen.

45 Minuten lang bei milder Hitze köcheln lassen. Im
Anschluss die Sahne unterrühren und kurz aufkochen. Mit
cremigem Kartoffelpüree servieren.

Greensleeves und der Pfeifer ohne Hände – Schottlands Gespenster

Auf den hohen Zinnen steht im kühlen Nachtwind eine junge Frau. Der Vollmond beleuchtet ihre große und schlanke Gestalt, ihr vornehmes Gewand ist aus grüner Seide. Unwillkürlich denkt man an die alte englische Volksweise »Greensleeves«. Was tut die verlorene Liebe hier draußen, in der Einsamkeit der Nacht?

Es ist Dorothea, die Tochter des Earl of Growie, und die Zinnen gehören zum düsteren Huntingtower Castle bei Perth, früher bekannt als Ruthven Castle. Das Mädchen hat sich in einen Diener des Hauses verliebt und schleicht sich nachts zum heimlichen Stelldichein in den Ostturm der Burg, wo die Diener schlafen.

Doch eines Nachts wacht ihre Mutter, die Gräfin, auf. Sie ahnt, was da vor sich geht, und macht sich auf den Weg über die Brücke, die den Wohnturm der Familie mit dem Ostturm der Dienerschaft verbindet. Dorothea hört die Schritte der Mutter auf der Brücke – allein, es gibt keinen anderen Weg, der aus dem Turm herausführt! So flieht das Mädchen auf die Spitze des Turms. Dorothea nimmt all ihren Mut zusammen und springt von den Zinnen des Ostturms hinüber in Richtung Westturm, und …

Ach, nein. Diese Schauergeschichte hat ausnahmsweise mal ein Happy End. Dorothea landet sicher – eine Meisterleistung, denn sie hat mit ihrem Sprung mehrere Meter überwunden. Und das in großer Höhe! Sie huscht zurück ins Bett, wo die misstrauische Mutter sie kurz darauf findet. Am nächsten Morgen aber ist Dorothea mit ihrem Liebhaber durchgebrannt, und niemand hat jemals erfahren, was aus den beiden geworden ist. Doch seit jener Zeit ist immer wieder eine junge Frau in grünem Seidenkleid im Huntingtower Castle gesehen worden. Meist erscheint sie in der Dämmerung, manchmal aber auch bei vollem Tageslicht. Man nennt sie »Lady Greensleeves«, und ihre Erscheinung ist ein böses Omen. Großes Unglück steht demjenigen bevor, der ihrer ansichtig wird. So erging es beispielsweise dem Reisenden, der sie in den Dreißigerjahren des letzten Jahrhunderts im Korridor der Burg erspähte. Schon am nächsten Tag fiel er von einer Fähre und ertrank.

Das ist nur eine der zahllosen Spukgeschichten aus Schottland. Dunkle Moore, undurchdringbare Nebelschleier, einsame Täler zwischen unzugänglichen Bergen, bedrohliche Wetterfronten und die Urgewalt der Natur – all das hat dazu beigetragen, dass der Geisterglaube hier so beflügelt wurde wie kaum an einem anderen Ort der Welt. Kein Tal ohne Mysterien, keine Burg ohne Gespenst, keine Quelle ohne geheimen Zauber, kein Moor ohne Feen und kein Berg ohne Zwergenvolk. Schauen wir uns ein paar der verwunschenen Kastelle kurz an. Dabei betrachten wir aber nur eine winzige Auswahl, denn mit schottischen Geistergeschichten ließen sich gleich mehrere Buchbände füllen.

Da ist zum Beispiel Fyvie Castle bei Turiff in Aberdeenshire, ein repräsentatives Königsschloss. Hier treiben gleich mehrere Geister ihr Unwesen, der bekannteste ist auch hier eine grüne Lady.

Sie starb vor Gram, als ihr Mann sich einer anderen zuwandte, und spukt schon seit der Hochzeitsnacht des Treulosen und ihrer Nebenbuhlerin herum. In jener Nacht vor 400 Jahren hinterließ sie ihr Autogramm an der Außenmauer vor dem Schlafzimmerfenster, man kann es noch heute dort sehen. Ihr Geist schillert grünlich, jammert kläglich und hinterlässt einen zarten Hauch von Rosenduft. Sie wird noch immer erstaunlich oft im Schloss gesehen. Das ist aber nicht weiter schlimm, denn die grüne Lady ist völlig harmlos.

Schlimmer ist da ein Fluch, mit dem ein Reisender das Schloss im 15. Jahrhundert belegt hat. Er ärgerte sich darüber, dass ihm der Wind die Schlosstüre vor der Nase zuschlug und rächte sich, indem er einen Spruch von fünf mysteriösen Steinen aufsagte, die im Schloss versteckt seien und – so lange sie unentdeckt blieben – dafür sorgen würden, dass nie mehr ein Erbe in den Mauern des Schlosses geboren werde und darüber hinaus nie mehr ein erstgeborener Sohn sein Erbe antreten könne. Genauso ist es eingetreten, alle anderenorts auf die Welt gekommenen erstgeborenen Söhne starben vor Eintritt des Erbfalls. Dummerweise wurde bisher auch erst einer der boshaften Steine entdeckt.

Das schöne Cortachy Castle, ein von Zinnen bewehrtes Herrenhaus in der Landschaft nördlich der Ortschaft Kirriemuir, beherbergt einen unheimlichen Trommler, der in Erscheinung tritt und seine dumpfe, rhythmische Warnung ertönen lässt, sobald ein Familienmitglied mit dem nahen Tod rechnen muss.

Einen unheilvollen Musikanten hat auch Duntrune Castle in Argyllshire, eine schaurig schöne Burg an Schottlands Ostküste. Hier treibt ein handloser Pfeifer sein Unwesen. Er ist der Geist eines als Musiker verkleideten Spions, der erwischt und im Burgkerker festgesetzt wurde. Von dort aus warnte er seine Kameraden, indem er auf seiner Pfeife musizierte, woraufhin diese von ihrem ursprünglichen Plan abließen, die Burg zu überfallen. Der Burgherr, der auf den Angriff vorbereitet gewesen war und die Gegner gerne geschlagen hätte, kochte so sehr vor Wut, dass er dem Pfeifer beide Hände abschlagen ließ, damit dieser nie wieder sein Instrument würde spielen können. Tatsächlich fand man bei Renovierungsarbeiten 1910 ein handloses Skelett unter einer Steinplatte. Die Knochen der Hände entdeckte man 1960 unter dem Küchenboden, so heißt es. Der arme Kerl soll bis zum heutigen Tage in der Burg herumpfeifen.

Nördlich von Elgin ragt die Ruine des Spynie Palace empor, bis zum 17. Jahrhundert ein Landsitz der Bischöfe von Moray. Hier hört man die Schritte der Könige und Königinnen, die einst durch das Gemäuer wandelten, wenn man ganz still ist und die Ohren spitzt. Denn der Ort ist verflucht.

Das hat etwas mit Alexander Steward, dem »Wolf von Badenoch« zu tun. Wir erinnern uns: Der fiese Kerl hatte aus Ärger über seine Exkommunikation die Stadt Elgin mitsamt ihrer Kathedrale in Brand gesetzt. Später, nach seiner scheinbaren Läuterung, erhob ihn der König zum Wächter des Spynie Palace. Das scheint der Wolf von Badenoch sehr ernst genommen zu haben, denn er wird noch heute immer wieder in den Ruinen der Burg gesehen. Er lehnt an einer Brüstung des Treppenabsatzes im David's Tower und starrt böse auf diejenigen hinab, die seiner ansichtig werden.

Besucher, die jetzt noch immer nicht genug haben, berichten von Ekelgefühl und plötzlichen heftigen Kopfschmerzen, wenn sie den Turm hinaufsteigen. Dann sichten sie weiße Nebelsäulen, Totenköpfe und Geisterlöwen. Doch wer weiß, was sie vorher zu sich genommen haben? Die hohe Zahl der Sichtungen macht Spynie Palace jedenfalls zu einem der begehrtesten Ziele von Parapsychologen und Geisterjägern in ganz Schottland.

In den Borders, nördlich von Newcastleton, liegt das einsame Hermitage Castle, eine halb verfallene Burg, die im Ruf steht, eine der unheimlichsten in ganz Schottland zu sein. Der Name »Hermitage« leitet sich vom französischen Wort »l'armitage« für Wachhaus ab, und so wachte das Hermitage Castle jahrhundertelang über das blutigste Tal ganz Britanniens. Denn hier, direkt an der Grenze zwischen England und Schottland, kam es immer wieder zu fürchterlichen Kämpfen. Grausige Legenden kreisen um diese Burg, deren erste Vorläufer um 1240 herum entstanden.

So wurde einer der Burgherren, William de Soulis, des versuchten Mordes an König Robert I. beschuldigt. Außerdem hieß es, er habe kleine Kinder geraubt und ermordet, um mithilfe ihres Blutes in finsteren Ritualen Dämonen heraufzubeschwören. Um diesem unheilvollen Treiben ein für alle Mal ein Ende zu bereiten, wurde er im nahegelegenen Steinkreis Ninestane Rig in flüssigem Blei zu Tode gekocht. Kein Wunder, dass er zurückkehrte und bis zum heutigen Tag in den dunklen Fluren der Burg herumgeistert. Die nebelhafte Erscheinung des satanischen Geistes wird dann meist vom herzzerreißenden Jammerklagen kleiner Kinder begleitet.

Wie dem auch sei, das finstere Ambiente des Hermitage Castle ist so atmosphärisch dicht, dass der schottische Literat Sir Walter Scott seine unheilvolle Ballade »Lord Soulis« schrieb, deren Protagonist der böse Ex-Burgherr ist. Das Gemäuer sei nicht dazu imstande, die Last der dort kumulierten Frevel zu tragen, soll Scott gesagt haben, es müsse im Boden versinken, und selbst dann werde man es noch mit Schrecken betrachten. Trotzdem ließ er sich und seinen Hund mit dem unheimlichen Gemäuer im Hintergrund malen und bezeichnete das Hermitage Castle als sein Lieblingsschloss. So sind die Romantiker nun einmal …

Tablet – schottisches Konfekt

Zutaten:

450 g Kristallzucker
60 g Butter
125 ml Kondensmilch

1 Vanilleschote
Butter zum Einfetten

Zubereitung:

Für diese Süßigkeit braucht man eine hohe Pfanne mit schwerem Boden, die mindestens 2 Liter fasst. Je größer, desto besser, weil die Masse bei nur geringfügig zu großer Hitze schnell überkochen kann. Die klebrige Masse wird sehr heiß, man sollte das Rezept deshalb nicht mit kleinen Kindern ausprobieren.

Eine flache Form mit Butter einfetten. Das Mark der Vanilleschote herauskratzen und beiseitestellen. In der Pfanne 125 ml Wasser erhitzen, bis es leise köchelt. Die Butter hineingeben und schmelzen. Danach den Zucker hineinrühren und so lange weiterrühren, bis er aufgelöst ist. Nun die Hitze erhöhen und das Ganze aufkochen, bis der Zucker sich goldbraun verfärbt. Dabei gut rühren. Dann langsam und vorsichtig die Kondensmilch untermengen. Die Hitze reduzieren und das Ganze 20 Minuten lang köcheln lassen. Die Mischung wird blubbern und Krater bilden, lassen Sie sich davon nicht beirren. Nach Ablauf der Zeit – oder wenn die Masse sichtlich dick geworden ist – vom Herd nehmen. Das Vanillemark dazugeben, und die Masse für 5 bis 10 Minuten energisch durchschlagen. In die eingefettete Form gießen und glatt streichen. Sobald die Masse abgekühlt, aber noch weich ist, in mundgerechte Quadrate schneiden. In Butterbrotpapier wickeln und in einer luftdichten Dose aufbewahren. Tablet ist ein typisches Konfekt, das es in zahlreichen Variationen gibt.

Die Urenkel des Auerochsen – Galloways, Highland Cattle und Aberdeen Angus

Dumfries and Galloway ist eine Region im Südwesten von Schottland. Hier gibt es Steinkreise, Megalithreihen und eisenzeitliche Forts, die einzige Wasserburg Schottlands sowie die Ruinen von Zisterzienserabteien aus dem 12. und 13. Jahrhundert. Außerdem romantische Fischerdörfer, prächtige Gartenanlagen, ausgedehnte Waldgebiete, einsame Strände und atemberaubend schöne Hügellandschaften.

Aber berühmt geworden ist die Gegend vor allen Dingen durch eines: ihre Rindviecher, die Galloways. Diese kleinen, robusten Tiere fallen vor allem durch ihr langes, welliges Deckhaar auf. Sie sind ausgesprochen anspruchslos und widerstandsfähig, weshalb sie sich für die ganzjährige Freilandhaltung eignen. Zupass kommen ihnen dabei ihre dichte Unterwolle und ihre im Vergleich zu anderen Rinderrassen dicke Haut. Meist sind sie dunkelbraun, es gibt aber auch schwarze, rotbraune und weiße Färbungen sowie die besonders auffälligen »Belted Galloways«, die schwarz sind bis auf einen breiten weißen Fellstreifen, der sich um Rücken und Bauch herumzieht.

Diese Rinderrasse ist uralt. Der römische Dichter Livius erzählte erstmals um 200 v. Chr. von den Tieren. Denn schon die Römer wussten das vorzügliche Fleisch der Galloways zu schätzen. Seit dem Mittelalter führten die Schotten Herdbücher über ihre Rinder, und längst findet man Galloways auch bei uns in Deutschland. Denn die Tiere sind nicht nur robust, sie eigenen sich auch zur Pflege von Brachflächen.

Galloways besitzen keine Hörner. Seit Menschengedenken gab es aber auf den Britischen Inseln noch eine zweite Rinderrasse mit Hörnern. Das waren die Vorfahren der markanten schottischen Hochlandrinder, auch Highland Cattle genannt, deren urtümlicher Anblick genauso zur Schottlandromantik gehört wie Dudelsack und Kilt.

Diese Tiere stammen aus dem Nordwesten Schottlands und von den Hebriden. In jahrhundertelanger Zucht selektierte man hier die besonderen Eigenschaften der Rasse heraus: Hochlandrinder sind relativ klein und leicht, was ihre Haltung auch auf weichen Torfböden ermöglicht, an Orten, wo moderne Hochleistungsrinder im Boden versinken würden. Nicht so das Hochlandrind. Stoisch und gelassen schreitet es durch die unwegsamsten Sumpfgebiete. Seine kleinen Hufe richten auf dem weichen Boden kaum Schaden an.

Majestätisch hebt es seinen massigen Kopf und lässt sich auch von der übelsten Unbill des Wetters nicht beeindrucken. Sein langes, dichtes und meist rostbraunes Fell ist die ideale Outdoor-Ausrüstung für schottische Hochlandlagen. Mag der Nordwind im Winter noch so sehr stürmen – dem Hochlandrind macht das nichts aus. Es kann das ganze Jahr hindurch auf der Weide bleiben, es begnügt sich mit kargen Moorgebieten und vermag ohne menschliche Hilfe zu kalben. Und das sogar noch im Alter von 15 bis 20 Jahren, denn es ist ausgesprochen langlebig. Seine Milch hat mittleren Fettgehalt, das Fleisch ist äußerst schmackhaft.

Diese Vorteile haben das Hochlandrind inzwischen auch außerhalb von Schottland beliebt gemacht. In den Hochmooren von Südengland setzt man halbwild lebende Herden zur Landschaftspflege ein. Denn die Tiere sind beim Futter nicht besonders wählerisch und gefährden daher die Artenvielfalt in diesen Gebieten nicht. In den USA werden sie bereits seit dem 19. Jahrhundert gezüchtet und seit 1975 auch bei uns in Deutschland. Seit fast 200 Jahren wird die Zucht der Hochlandrinder in Büchern dokumentiert, und seit dieser Zeit werden die Tiere ausschließlich unverändert und ohne Einkreuzung anderer Rinderrassen vermehrt.

Aus den ursprünglich kurzen Hörnern hat sich inzwischen ein imposantes Gehörn entwickelt. Beim Bullen stehen diese Hörner waagerecht und sind nach vorne gebogen, bei der Kuh weisen sie ausladend nach oben und sind deutlich länger. Sie können eine Spannweite von 160 Zentimetern erreichen. Doch die beeindruckende Bewaffnung dient nur der Show, Hochlandrinder sind ausgesprochen friedfertig und gutmütig. Zwar brauchen diese Tiere keinen Stall, dafür aber eine ausreichend große Fläche im Freien und frisches Grün. Für die Massentierhaltung sind Hochlandrinder deshalb ungeeignet.

Im Osten der Highlands kristallisierte sich noch eine weitere Rinderrasse heraus: das Aberdeen Angus. Diese Tiere sind klein, kräftig, kurzbeinig, schwarz, hornlos, und vor allem wachsen sie schnell. Denn das Aberdeen Angus wurde als reiner Fleischlieferant gezüchtet. In den USA ist die Rasse besonders beliebt, dort gibt es auch eine rote Variante. Auch in Australien und Neuseeland werden viele Aberdeen-Angus-Rinder gehalten. Ihr Fleisch ist feinfaserig marmoriert und fettarm, allerdings nur, solange die Tiere jung sind.

Auch wenn ihr Fell nicht ganz so üppig ist wie das der Galloways und das der Hochlandrinder, so sind auch Aberdeen-Angus-Rinder robust und für die Freilandhaltung gut geeignet. Sie überstehen sowohl nasskalte Winter als auch heiße Sommer. Und auch diese Tiere eignen sich gut für die Landschaftspflege.

Die Aberdeen-Angus-Rinder in ihrer heutigen Form sind keine besonders alte Rasse. Sie stammen von den älteren Angus Doddies ab, einer Rasse, die im Aberdeen Angus aufging. Stammvater der heutigen Aberdeen-Angus-Rinder ist Old Jock, ein Stier, der 1842 geboren wurde. Er steht mit der Nummer eins im Zuchtbuch der Rasse. Stammmutter ist die Kuh Old Granny, die 35 Jahre alt wurde und 29 Kälber auf die Welt brachte. Alle heute lebenden Angus-Rinder lassen sich auf diese beiden Tiere zurückverfolgen.

Fast 7.000 Jahre ist es her, dass die Briten begannen, Nutztiere zu halten. Diese Alternative zur beschwerlichen und gefährlichen Jagd setzte sich allmählich durch und bot auch in den unwirtlichen Regionen Schottlands eine Nahrungsgrundlage für die Menschen.

Die wilden Auerochsen wurden nun nicht mehr getötet, sondern gefangen und gezähmt. Das stellte den Anfang der gezielten Zucht dar. Alle schottischen Rinderrassen stammen letztlich von diesen Auerochsen ab. Und das glaubt man gerne, wenn man die urtümlichen Gesellen unterwegs auf Schottlands Weiden sieht.

Aberdeen Rolls – Brötchen aus Aberdeen

Zutaten:

450 g Mehl
180 g Butter
  (Zimmertemperatur)
120 g Schmalz
  (Zimmertemperatur)
1 gehäufter Tl Salz

2 gehäufte Tl Zucker
20 g Hefe
Mehl zum Bestäuben, für
  die Arbeitsfläche und für
  das Backblech

Zubereitung:

Das Mehl in eine große Schüssel hineinsieben und das Salz dazustreuen. In einem Becher die Hefe mit dem Zucker sowie etwas lauwarmem Wasser gut vermischen. Zum Mehl geben und unter allmählicher Zugabe von lauwarmem Wasser kneten, bis ein weicher, fester Teig entstanden ist. Eine Arbeitsfläche mit Mehl bestäuben, und den Teig darauflegen. 5 Minuten lang kräftig durchkneten.

Zurück in die Schüssel geben, mit einem Tuch abdecken, und für eine Stunde an einen warmen Ort stellen. Die Hefe geht nun auf, der Teig sollte danach die doppelte Größe haben.

In der Zwischenzeit aus Butter und Schmalz mit der Gabel eine cremige Mischung kneten.

Wenn der Teig aufgegangen ist, noch einmal kräftig durchkneten. Danach auf einer eingemehlten Arbeitsfläche ausrollen und mit einem Drittel der Butter-Schmalz-Mischung bestreichen. Mit etwas Mehl bestäuben. Den Teig dreimal zusammenfalten und erneut mit dem Nudelholz ausrollen. Diese Prozedur noch zweimal wiederholen, sodass am Ende die gesamte Butter-Schmalz-Masse verbraucht ist. Nun dünn ausrollen und in Quadrate von etwa 10 cm Seitenlänge schneiden. Jeweils alle vier Ecken eines Quadrates in dessen Mitte zusammenbringen, mit der Hand etwas abrunden und leicht flach drücken, anschließend die Rolls auf ein mit Mehl bestreutes, vorgewärmtes Backblech legen. Erneut mit einem Tuch abdecken und an einem warmen Ort 30 bis 40 Minuten lang gehen lassen.

Den Backofen auf 200°C vorheizen und die Rolls etwa 15 bis 20 Minuten lang backen, bis sie auf beiden Seiten goldbraun und knusprig sind.

Besonders köstlich sind die Aberdeen Rolls, wenn man sie warm verzehrt. Man isst sie pur oder mit Butter und/ oder Marmelade.

Ein Ausflug in die Hauptstadt – Edinburgh

Nach so viel Natur, Bergen und einsamen Tälern haben wir uns heute zu einem Ausflug in die Stadt entschlossen. Und wenn schon Stadt, dann sollte es doch auch gleich die Hauptstadt sein!

Man spricht ihren Namen »Ädinbörröh«, ober besser, wenn man es richtig schottisch aussprechen will »Ädinbrra«, wobei das »a« eher dem lautsprachlichen »ə« entspricht. Um die Aussprache wirklich korrekt hinzubekommen, müssten wir uns in die Zeit des gododdinischen Königs Clydno Eiddyn begeben, nach dessen Festung wurde die Stadt nämlich vermutlich benannt. Die Gododdin sind denn auch schon gleich der nächste Zungenbrecher, der uns in diesem kurzen Absatz begegnet, man spricht sie in etwa aus wie »Go-dooinh«. Das sind ungewöhnliche Laute für uns.

Die Gododdin bildeten einen Volksstamm, der zur Zeit der Römer in der Gegend um Edinburgh herum lebte. Sie hatten damals ein eigenes Königreich, das aber um das Jahr 600 herum von den Angeln erobert wurde. Diese wiederum waren ein germanisches Volk aus dem Bereich des heutigen Schleswig-Holsteins. Seit dem 2. Jahrhundert wanderten immer mehr Angeln nach Britannien aus, und dort strebten sie auf ihren Eroberungszügen beständig weiter nordwärts. So kam es schließlich zur entscheidenden Schlacht mit den

Gododdin, die ein Überlebender aus deren Volk in einem elegischen Heldenlied verewigte: Y Gododdin.

638 war es dann so weit: Die Angeln nahmen Din Eiddyn ein, die letzte Festung der Gododdin, das heutige Edinburgh. Das Königreich Gododdin wurde zu Bernica, später zu Northumbria.

867 kamen dann die Wikinger aus Dänemark und verleibten sich Northumbria ein. Es wurde Teil des nordischen Königreichs Jórvik, bis endlich 1018 die Schotten aus den nördlichen Highlands einfielen. Seitdem ist das Land um Edinburgh schottisch. Und seit dem 15. Jahrhundert ist Edinburgh die Hauptstadt von Schottland, es löste in dieser Funktion das nördlicher gelegene Perth ab. Denn Edinburgh liegt zentraler, hat einen Hafen und besitzt zudem schon seit 854 eine Kirche, die in der Zeit ab 1120 zur Kathedrale ausgebaut wurde und der Stadt im Mittelalter erhebliche Bedeutung eintrug.

Und außerdem hat Edinburgh seinen Castle Rock. Dieser Kegel eines erloschenen Vulkans war schon seit Menschengedenken mit einer Burg bebaut. Man kann heute nicht mehr genau feststellen, wann die Bebauung begann und welcher Gestalt sie zunächst war. Doch ungefähr seit dem Jahr 1000 existiert das mächtige Edinburgh Castle, Sitz der schottischen Könige und Ziel zahlloser Machtkämpfe und Belagerungen. Immer wieder wurden Teile der Festung zerstört und wieder neu errichtet, sodass sich heute auf dem Schlossberg ein Sammelsurium von Bauwerken aus den letzten Jahrhunderten befindet. Und weil Teile des Kastells noch heute militärisch genutzt werden, stammen die neusten Gebäude aus dem 21. Jahrhundert.

Herzstück des Edinburgh Castles ist der Stone of Scone, ein magischer Stein aus piktischer Zeit. Es handelt sich um einen nicht sehr großen, quaderförmigen Sandsteinblock, der bei den Krönungszeremonien stets eine zentrale Rolle spielte. Die Könige nahmen auf ihm stehend oder sitzend ihre Insignien entgegen und demonstrierten damit ihre Verbundenheit mit dem schottischen Boden.

Doch 1296 eroberten die Engländer den Stein und verschleppten ihn als Kriegsbeute nach London. Dort wurde er in den Krönungsthron der englischen Könige eingebaut, eine schlimme Schmach für die Schotten. Denn diese Symbolik war geradezu niederschmetternd. Demonstrierten die Engländer damit doch klar und eindeutig den Anspruch ihrer Könige auf das Land der Schotten!

Es dauerte fast 700 Jahre, bis die Rückeroberung des Steines beinahe gelungen wäre: Schottische Studenten klauten ihn 1950 aus Westminster und schafften ihn zurück nach Schottland. Dabei brach er allerdings entzwei. Überhaupt stand das Unterfangen unter keinem guten Stern, die Polizei kam den jungen Leuten auf die Schliche, stellte den Stein sicher und brachte ihn wieder zurück nach Westminster.

Erst als die 700 Jahre ganz herum waren, gaben die Engländer schließlich doch klein bei. Seit 1996 befindet sich der Stone of Scone wieder im Schloss von Edinburgh, ganz passend zum sich erneut formierenden schottischen Unabhängigkeitswillen.

Nach so viel Geschichte machen wir jetzt einen Abstecher in die City. Die Einkaufsstraße Princess Street ist nur an ihrer Nordseite bebaut. Die Südseite bleibt offen für ein prächtiges Panorama über die Parkanlage Princess·Gardens und den Burgberg. Wir bummeln zwischen den üblichen Filialen großer Einkaufsketten, aber ein kurzer Blick über die Straße genügt, um uns stets wissen zu lassen, wo wir sind. Wirklich beeindruckt hat mich eigentlich nur das große Kaufhaus Jenners mit seiner majestätischen Grand Hall. Es war das weltweit älteste unabhängige Kaufhaus, aber auch diese Epoche ist zu Ende gegangen. 2005 wurde Jenners von der britischen Kette House of Fraser aufgekauft. House of Fraser wurde in Glasgow gegründet, ist also immerhin schottischen Ursprungs. Heute sitzt das Hauptquartier allerdings in London.

An der Princess Street liegt auch Valvona & Crolla, Schottlands ältestes Delikatessengeschäft und Spezialist für italienische Lebensmittel und Weine. Bei seiner Gründung 1934 handelte man dort italienische Produkte für die Einwanderer aus Italien. Diese Geschäftsidee erwies sich als brillant, weil auch die Einheimischen auf den Geschmack kamen. Der Familienbetrieb floriert. Auf typisch italienische Art ist der Laden ein bisschen wuselig und chaotisch, aber das Angebot ist großartig. Mittlerweile gibt es Spezialitäten aus aller Welt. Allein die Käsetheke ist phänomenal, sogar die Queen bezieht ihren Käse von hier.

Von der Princess Street schlendern wir vorbei am beeindruckenden Bau der National Gallery. Hinter der säulengerahmten Fassade verbirgt sich eine umfassende Gemäldesammlung, zum Beispiel werden hier zwei der Hauptwerke Tizians gezeigt, Diana und Callisto sowie Diana und Akäon. Außerdem gibt es Werke von Jan Vermeer, William Turner, Velasquez, El Greco, Rembrandt, dazu noch eine kleine Ausstellung impressionistischer Gemälde.

Der Eintritt ist frei, aber heute haben wir keine Lust auf Kunst. Zu schön ist das Wetter, deshalb gehen wir weiter, am Bahnhof vorbei bis zur Royal Mile. Hier gibt es alles, was das Touristenherz begehrt, von keltischem Schmuck über Great Highland Bagpipes, Kilts und Tartanstoffe, Shortbread und Whisky bis zu allem möglichen Nippes als Mitbringsel für die Lieben daheim. »A wee gift from Scotland« ist das Motto. Als wir gerade überlegen, ob wir in eine wirklich urig wirkende

Kneipe mit dem Namen »Deacon Brodie's Tavern« einkehren sollen, fährt ein doppelstöckiger roter Sightseeing-Bus vorbei. Da hätten wir ja gar nicht so viel laufen müssen, meinen die Kinder empört, während ich noch überlege, woher mir der Name Brodie bekannt vorkommt. Es will mir einfach nicht einfallen.

Wer war William Brodie?

Rumbledethumps

Zutaten für 4 Personen:

500 g Kartoffeln	250 g Cheddar
400 g Weißkohl	Salz
3 Zwiebeln	Pfeffer
80 g Butter	Butter zum Einfetten

Zubereitung:

Die Kartoffeln schälen, vierteln und in siedendem Salzwasser 20 Minuten lang garen. Dann abgießen und mit dem Kartoffelstampfer grob zerdrücken. Die Zwiebeln schälen und würfeln, den Kohl putzen, waschen und in kleine Streifen schneiden. Den Käse reiben.

In einem Topf die Butter erhitzen und die Zwiebeln darin glasig dünsten. Den Weißkohl dazugeben und 5 Minuten lang unter Rühren anbraten. Anschließend vom Herd nehmen, die Kartoffelmasse unterheben, salzen, pfeffern und ein Drittel des Käses unterheben. Die Masse in eine gut mit Butter eingefettete Auflaufform füllen und den restlichen Käse darüberstreuen. Den Backofen auf 180°C vorheizen und das Rumbledethumps 25 Minuten lang überbacken, bis der Käse goldgelb ist.

Rumbledethumps ist eine Spezialität aus der schottischen Borders-Region, man isst es als Hauptgericht oder als Beilage.

Die Sache mit der Doppelrolle – William Brodie

William Brodie war ein angesehener Mann. Ein aufrichtiger Handwerker, ein Tischler, auf den man sich verlassen konnte. Seine Arbeiten führte er äußerst solide aus, die Aufträge erfüllte er stets pünktlich und zuverlässig. Und dazu noch zu wirklich angemessenen Preisen. Nie kam es vor, dass sich einer seiner Kunden übervorteilt fühlte. Man empfahl William Brodie weiter. Er galt als der beste Tischler von ganz Edinburgh. Einfach vorbildlich!

Auch in der Handwerkerinnung tat sich der Mann hervor. Er engagierte sich für Anstand und Gerechtigkeit. Kein Wunder, dass man den Geschäftsmann eines Tages in den Stadtrat wählte. Er war schließlich einer der respektabelsten Bürger der Stadt.

Eine kleine Schwäche hatte er freilich: Er spielte gerne. Dabei verlor er mitunter recht beträchtliche Summen. Als echter Ehrenmann ließ er aber niemals eine Spielschuld offen. Und deshalb verzieh man ihm sein Laster gerne. Man belächelte es großmütig. Ja, William hatte eine Leidenschaft für die Karten. Aber er trank nicht so viel Bier und Whisky wie die anderen, war ein frommer Christ und geachteter Stadtrat. Da durfte ein Spielchen hier und da ja wohl erlaubt sein.

Niemand ahnte jedoch, wie sehr die Spielsucht William in ihrem unbarmherzigen Griff hielt. Er musste spielen, es war ein innerer Zwang, und je mehr er verlor, desto mehr drängte es ihn, weiterzuspielen. Irgendwann musste das Glück sich doch umkehren und endlich zu ihm kommen! Doch bis das endlich so weit sein würde, brauchte er Geld. Viel Geld, denn er verlor wahre Unsummen.

Und es waren nicht nur die Spielschulden, die ihn unter Druck setzten. Niemand wusste, dass er insgeheim zwei Geliebte unterhielt. Auch die beiden Frauen ahnten nichts voneinander und schon gar nicht die fünf Kinder, die er mit ihnen hatte. Seine beiden geheimen Familien zu ernähren, kostete Brodie aber leider eine schöne Stange Geld.

Der Verzweiflung nahe, kam ihm eines Tages eine zündende Idee. Als bekanntester und meistrespektierter Tischler von Edinburgh erhielt er zahlreiche Aufträge von den wohlhabendsten Bürgern und Institutionen. Und als Tischler gehörte es zu seinen Aufgaben, Türschlösser einzubauen oder zu reparieren. Deshalb machte er es sich zur Angewohnheit, immer eine Dose mit Wachs bei seinem Handwerkszeug zu haben. Bei passender Gelegenheit erstellte er rasch einen Abdruck des Schlüssels, um in der Heimlichkeit der Nacht zurückzukehren.

Denn William Brodie führte von nun an ein Doppelleben. Der angesehene Handwerksmann verwandelte sich im Schutz der Dunkelheit zu Deacon Brodie, dem Einbrecher. So kopierte er 1768 den Schlüssel des großen Edinburgher Bankhauses und verschaffte sich eines Nachts Zutritt. Satte 800 Pfund konnte er erbeuten. Der Einbruch erwies sich als ein Kinderspiel, und niemand kam auch nur auf den Gedanken, ausgerechnet den ehrbaren Brodie zu verdächtigen. Das sinistere Nebengeschäft entwickelte sich gut. Ein paar Jahre später konnte Brodie es erweitern und drei Diebe einstellen, die ihm bei den nächtlichen Unterfangen assistierten.

Doch irgendwann wurde Brodie von seiner Gier zum Leichtsinn verführt. Im Gerichtsgebäude befand sich eine Amtsstube, in der reichlich Geld vorhanden war: das Akzisenamt. Hier ließ die Stadt die Steuern aufbewahren, die sie auf Grundnahrungsmittel und Genussgüter erhob. Brodie brach dieses Mal nicht in der Stille der Nacht dort ein, sondern organisierte einen dreisten Überfall, der prompt schiefging. Einer seiner Hilfsdiebe wurde verhaftet und gestand – Brodies zwielichtige Umtriebe kamen ans Licht.

Hals über Kopf floh William Brodie nach Amsterdam. Aber auch im 18. Jahrhundert funktionierte die internationale Zusammenarbeit der Polizei mitunter recht gut. Brodie wurde verhaftet und zurück nach Edinburgh verfrachtet.

Eine Hausdurchsuchung brachte nicht nur die kopierten Schlüssel, sondern auch seine Verkleidungen und Pistolen ans Licht. Brodie war überführt. Am 1. Oktober 1788 hängte man ihn öffentlich. Makaber genug, dass er den Galgen noch im Jahr zuvor selbst gezimmert hatte.

Unverfrorene Gauner üben bekanntlich immer eine unwiderstehliche Faszination auf die braven Bürger aus. Es ist, als bewunderten sie in ihnen eine Seite, die sie insgeheim vielleicht selbst gerne ausleben würden, sich aber nicht trauen. Die Gerüchteküche brachte jedenfalls sofort die Geschichte hervor, Brodie habe ein spezielles Halsband getragen, um die Wirkung des Galgens zu umgehen, und einen Deal mit dem Henker gemacht, dass dieser seinen Körper nach der Prozedur rasch entfernen und heimlich wiederbeleben möge. Prompt sah man ihn kurz darauf angeblich in Paris, obwohl er tatsächlich in einem anonymen Grab in Edinburgh verscharrt worden war. In der Fantasie der Edinburgher blieb er jedenfalls lebendig. Und er sollte tatschlich noch zu großem Ruhm gelangen, wenn auch in anderer Gestalt.

Der Edinburgher Bürger Stevenson besaß ein paar Möbelstücke, die Brodie einst im Rahmen seiner rechtschaffenen Tätigkeit als Tischler gebaut hatte. Und Stevenson hatte auch einen Sohn. Dieser hörte nun viele Jahre später vom Doppelleben des William Brodie. Und während er die alten Möbel so betrachtete, begann seine Fantasie ihre Flügel auszubreiten, und eine Geschichte formte sich in seinen Gedanken: Das schaurige Vabanquespiel eines ehrenwerten Arztes, dessen finstere Seite nachts durch ein geheimes Elixier zum Vorschein kommt.

So entstand die berühmte Novelle von Dr. Jekyll und Mr. Hyde. Sie sollte eines der bedeutendsten Werke der Horrorliteratur werden. Das faszinierende Motiv der gespaltenen Persönlichkeit diente als Vorlage für einen ganzen Reigen weiterer janusköpfiger Gestalten in Film und Comic, seien sie zum Beispiel Hulk, Spider-Man, Superman oder Batman. Kaum eine literarische Vorlage wurde so oft verfilmt wie das Werk des Schotten Robert Louis Stevenson aus dem Jahr 1886. Es gibt eine Theaterfassung und eine Musical-Adaption. Die Reihe der Darsteller reicht von Spencer Tracy über Christopher Lee, Anthony Perkins und John Malkovich bis hin zu David Hasselhoff.

Wer fehlt in dieser Reihe? Eigentlich nur Sean Connery!

Shortbread Trifle

Zutaten für 4 Personen

200 g Shortbread
300 g Sauerkirschen aus dem Glas
3 Orangen
3 Äpfel
1 Zitrone
1 Vanilleschote

100 g brauner Zucker
175 ml Schlagsahne
250 ml Crème fraîche
50 g weißer Zucker
150 ml Whisky
4 Blättchen Minze

Zubereitung:

Die Kirschen abtropfen lassen, die Orangen schälen und filetieren, die Äpfel schälen, entkernen und vierteln, die Zitrone auspressen.

Den Zitronensaft, den Whisky, 70 g des braunen Zuckers, die Orangenfilets und die Apfelstücke in einem Topf aufkochen und dann 5 Minuten lang bei schwacher Hitze ziehen lassen. Durch ein Sieb abgießen, dabei die Flüssigkeit auffangen. Nun alles abkühlen lassen.

Die Vanilleschote auskratzen, das Mark und die Hälfte des weißen Zuckers unter die Crème fraîche rühren. Die Sahne schlagen und mit dem Rest des weißen Zuckers süßen. Das Shortbread zerbröseln, die Hälfte in vier hohe Dessertschüsselchen aus Glas geben und mit der Hälfte der Kirschen sowie der Apfelstücke und Orangenfilets belegen. Die Hälfte des Whisky-Zitronensafts darüber träufeln, dann mit der Crème fraîche bedecken. Das restliche Shortbread darüber bröckeln, danach die restlichen Früchte darauf verteilen. Mit dem restlichen Whisky-Zitronensaft überträufeln. Zum Schluss die Sahne darüberschichten.

Vor dem Servieren mit dem restlichen braunen Zucker bestreuen und je mit einem Minzeblatt dekorieren.

007 trägt Schottenrock – Sean Connery

Sean Connery tritt in keinem Film mit Dr. Jekyll und Mr. Hyde auf? Stimmt gar nicht. Im Jahr 2003 entstand der Fantasyfilm »Die Liga der außergewöhnlichen Gentlemen«, in dem sieben Hauptfiguren aus der Literatur des 19. Jahrhunderts eine Rolle spielen. Dazu gehören Dr. Jekyll und Mr. Hyde, und in diesem Film spielt auch Sean Connery eine Rolle, wenngleich nicht die von Dr. Jekyll und Mr. Hyde. Wer den Film gesehen hat, mag auch zwiespältiger Meinung bezüglich der Außergewöhnlichkeit der ganzen Angelegenheit sein. Aber bestimmt können wir uns auf eine Sache einigen: Sean Connery ist ein außergewöhnlicher Schauspieler gewesen.

Wie William Brodie wurde er in Edinburgh geboren, und zwar im Jahr 1930. Damit erschöpft sich die Gemeinsamkeit aber auch schon, denn dank seines enormen Erfolgs hatte er es gar nicht nötig, auch nur mit dem Gedanken an eine schiefe Laufbahn zu spielen.

Zwar stammte er aus sehr bescheidenen Verhältnissen und brach sogar die Schule ab, weil er Geld für die Familie verdienen musste. Sein Vater arbeitete als Lastwagenfahrer, seine Mutter als Putzfrau, der junge Sean verdingte sich als Milchmann und als Bademeister. Mit 16 ging er zur Marine und wollte dort erst einmal bleiben. Dieser Plan wurde allerdings durch gesundheitliche Probleme vereitelt. In der Folgezeit hatte Connery hinlänglich Gelegenheit, seine Vielseitigkeit unter Beweis zu stellen. Er jobbte als Möbelpolierer, Droschkenkutscher, Drucker, Baggerführer und Bestattungsgehilfe. Ganz nach dem Motto »You name it, I do it«.

Nebenbei lernte er Französisch und begann mit dem Gewichtheben. Der dadurch gestählte Körper des gutaussehenden jungen Mannes erregte schnell Aufsehen und trug ihm einen Nebenjob an der Edinburgher Kunstschule ein. Hier posierte er als klassischer Adonis. Auch ein paar Werbeaufnahmen entstanden, das motivierte ihn zu noch mehr Muskeltraining. 1950 wurde er schottischer Bodybuilding-Meister. Die männliche Schönheit seines Körpers trug ihm in den nächsten Jahren kleine Rollen in Musicals, Theaterstücken und Fernsehfilmen ein. Der große Durchbruch gelang damit aber nicht. Auch dass er schließlich 1958 neben Lana Turner eine Hauptrolle in einem Kinofilm erhielt, brachte ihn nicht wirklich weiter. Es blieb ansonsten bei kleinen Nebenrollen und spärlichem Einkommen.

Doch dann kam mit einem Mal die große Wende: Anfang der Sechzigerjahre entschlossen sich die Produzenten Broccoli und Saltzmann, die Agentenbücher des Autors Ian Fleming zu verfilmen. Dieser veröffentlichte damals jährlich einen neuen Roman um den Protagonisten James Bond, eine lukrative Angelegenheit, denn alle Bond-Bücher entwickelten sich im Handumdrehen zum Bestseller. Bond galt als absolut angesagt. Mit der Verfilmung konnte also nichts schiefgehen, das würde eine wahrhaftige Lizenz zum Gelddrucken!

Fehlte nur noch der passende Hauptdarsteller. Gutaussehend sollte er natürlich sein, aber auch maskulin und charismatisch. Und noch eine unabdingbare Bedingung sollte er erfüllen: Er musste Brite sein. Der schöne Cary Grant war im Gespräch, der spitzbübische David Niven oder vielleicht besser der smarte Roger Moore? Mehr durch Zufall wurden die Produzenten gerade noch rechtzeitig auf den völlig unbekannten Sean Connery aufmerksam: Der war es! Athletisch, selbstbewusst, attraktiv. Auch die Leserschaft einer Londoner Tageszeitung entschied sich für ihn.

Als etwas ungünstig erwies es sich allerdings, dass dem aus einer einfachen Familie kommenden Connery das kultivierte Auftreten des stilvoll-mondänen Geheimagenten komplett fehlte. Er wurde deshalb vor Drehbeginn noch ausgiebig geschult, erhielt Schliff und lernte gute Manieren. Mit Erfolg: Der erste Film »James Bond jagt Dr. No« avancierte zum Riesenerfolg. Sean Connery, 32 Jahre alt, stieg über Nacht zum Superstar auf.

Bis 1967 verkörperte er fünfmal den Geheimagenten 007, dann war er es leid. Er fühlte sich von der Rolle eingeengt und vereinnahmt. Das Klischee haftete ihm an, eine schauspielerische Weiterentwicklung empfand er als unmöglich. Außerdem beanspruchten ihn die Dreharbeiten meist mindestens für ein halbes Jahr. Sean Connery stieg aus, sein Nachfolger wurde George Lazenby.

Der aber reichte nicht annähernd an das Charisma seines Vorgängers heran. Die 007-Fangemeinde schrie auf. Deshalb gaben die Produzenten alles, um Sean Connery zur Rückkehr zu bewegen. Nun ja, vielleicht nicht alles, aber immerhin die zur damaligen Zeit unerhörte Rekordgage von 1,25 Millionen Dollar. Das reichte aus, um Sean Connery dazu zu motivieren, seinen vorerst letzten Bond-Film »Diamantenfieber« zu drehen. Wer nun aber denkt, dass er aus Geldgier zugesagt hat, der irrt: Sean Connery stellte die komplette Summe einer von ihm selbst gegründeten Bildungsstiftung zur Verfügung.

Schon in jungem Alter hatte sein Haar begonnen, sich zu lichten. Als James Bond trug er deshalb stets ein Toupet. In den

Siebzigerjahren befreite er sich vom Image des schneidigen Schönlings. Ohne Perücke und rundlicher geworden, erkannte man ihn nun fast nicht mehr wieder. Außerdem ließ er es sich nicht nehmen, seine Rollen mit ausgeprägtem schottischem Akzent zu sprechen, was bei der Kritik nicht gerade gut ankam. Entsprechend sank seine Popularität in den Siebziger- und frühen Achtzigerjahren.

Vielleicht ließ er sich deshalb 1983 zur Mitwirkung in einem weiteren Bond-Film überreden. Dieser hatte allerdings einen anderen Produzenten und fällt daher aus der Standardreihe heraus. »Sag niemals nie« zeigt den 53-jährigen Connery als gealterten, aber nicht minder attraktiven 007. Für viele Fans gilt das sogar als seine beste und ehrlichste Darstellung des Geheimagenten.

Mit diesem Film gelang es Connery, zum zweiten Mal in seiner Karriere durchzustarten. Von nun an spielte er den sonoren, gutaussehenden und distinguierten älteren Herrn. Die Auftritte in »Highlander«, »Der Name der Rose«, »Der 1. Ritter« oder »Indiana Jones« sind gute Beispiele hierfür. Seine Rolle in »Die Unbestechlichen« brachte ihm 1987 den Oscar ein. Einer seiner größten Erfolge wurde »The Rock« aus dem Jahr 1996. Das People Magazine kürte ihn 1989 zum »Sexiest Man Alive« und 1999 im Alter von 69 Jahren gar zum »Sexiest Man of the Century«. Nach »Die Liga der außergewöhnlichen Gentlemen« von 2003 zog sich Connery aus dem Filmgeschäft zurück.

Sean Connery war stets ein engagierter schottischer Patriot. Er gründete eine Stiftung, die begabte Schotten mit Stipendien fördert. Außerdem setzte sich Connery für die Unabhängigkeit Schottlands ein und förderte die linksliberale Scottish National Party. Elisabeth II. schlug ihn zum Knight Bachelor, seitdem durfte er sich Sir Sean Connery nennen. Bei der Zeremonie, die im Jahr 2000 in Edinburgh stattfand, trug er standesgemäß einen Kilt. Er war zweimal verheiratet und hat einen Sohn. Seine Autobiografie »Being a Scot« erschien im Jahr 2008 zu seinem 78. Geburtstag.

Und Schauspielerkollege Harrison Ford gab die Hoffnung lange Zeit nicht auf, dass Sean Connery für einen fünften Teil von »Indiana Jones« vielleicht doch noch einmal vor die Kamera zurückkehren würde. Doch Sean Connery ließ sich nicht erweichen. Denn alles muss einmal ein Ende haben.

Sean Connery starb im Oktober 2020 im Alter von 90 Jahren. Zuletzt hatte er unter Demenz gelitten. Seine Asche wurde über einem Golfplatz in Schottland verstreut, um welchen es sich dabei gehandelt hat, wird geheim gehalten.

Cook a Leekie – schottischer Hähnchentopf

Zutaten für 4 Personen:

1 Hähnchen	2 Lorbeerblätter
5 Stangen Porree	3 Thymianzweige
80 g getrocknete Pflaumen ohne Stein	1 Bd. Blattpetersilie
	Pfeffer
80 g magerer Speck	Salz

Zubereitung:

Das Hähnchen waschen und in einem Topf mit gesalzenem Wasser bedecken. Den Speck in grobe Würfel schneiden und zusammen mit den Thymianzweigen und Lorbeerblättern dazugeben. Pfeffern und aufkochen, danach die Hitze reduzieren und 1½ Stunden im offenen Topf köcheln lassen. Dabei entstehenden Schaum abschöpfen.

Den Porree putzen und in Scheiben schneiden, die Petersilienblättchen abzupfen und hacken.

Nach der Garzeit das Hähnchen aus dem Topf nehmen. Die Haut entfernen, das Fleisch von den Knochen lösen und in mundgerechte Stücke schneiden. Die Garflüssigkeit durch ein Sieb gießen und zurück in den Topf geben. Porree und Pflaumen hineingeben, aufkochen und 20 Minuten lang köcheln lassen. Das Fleisch dazugeben, mit Salz und Pfeffer abschmecken und die Petersilie unterrühren.

Noch einmal aufkochen lassen, anschließend mit Salzkartoffeln servieren.

Besuch bei Flipper –
Delfine in der Moray Firth

Die See ist heute erstaunlich ruhig. Ich muss gestehen, dass ich auf das Schlimmste gefasst war, hohe Wellen, tobender Wind und wir allein in der Weite des Meeres auf einer schaukelnden Nussschale. Die Kinder in Todesangst und ich grün vor Seekrankheit, unfähig, ihnen zu helfen.

Doch nichts dergleichen ist eingetroffen. Friedlich glitzert die Nordsee in der Sonne, es ist einer der milden und freundlichen Sommertage, mit denen Schottland manchmal beschenkt wird. Das Boot, mit dem wir von Inverness aus hinausgefahren sind, ist erstaunlich solide. Wir sind unter der Kessock Bridge hindurchgefahren, die Inverness mit North Kessock verbindet und die frühere Fährverbindung abgelöst hat. Sie ist eine mehr als einen Kilometer lange Schrägseilbrücke und wurde in den Siebzigerjahren von einem deutschen Architekten gebaut.

Aber die Passagiere haben nur Augen für die Wasseroberfläche, während wir hinaus in den Moray Firth fahren. Wir sind schließlich nicht unterwegs, um technische Meisterwerke zu betrachten. Vielmehr wollen wir die faszinierenden Bewohner dieses Meeresarms sehen: die Delfine. Und mit ein bisschen Glück können wir vielleicht sogar auch einen Wal entdecken.

Der Moray Firth ist ein riesiger, dreieckiger Meeresarm mit einer etwa 800 Kilometer langen Küstenlinie, die meist aus felsigen Steilküsten besteht. Hier lebt die letzte Population von

Großen Tümmlern in der Nordsee, die aus etwa 170 Einzeltieren besteht. Weil die Tiere im Moray Firth dauerhaft heimisch sind, lassen sie sich das ganze Jahr hindurch beobachten. Die beste Zeit für eine Delfintour ist aber jetzt, zwischen spätem Frühjahr und Herbstanfang. Denn in dieser Zeit lassen sich auch recht häufig Schweinswale blicken. Außerdem gibt es Robben, Seehunde, mitunter auch Zwergwale oder Riesenhaie zu sehen, und manchmal kreisen Fischadler und Milane in der Luft.

Wir haben tatsächlich Glück: Kaum hat unser Boot den Hafen verlassen, gesellt sich eine Delfinschule zu uns. Mit ein paar übermütigen Sprüngen begleiten sie das Boot, so als wüssten sie, worauf wir warten, und wollten uns mit ihrer Showeinlage eine Freude machen. Gleich neben dem Boot taucht eine Mutter mit ihrem Nachwuchs auf. Die Kälber bleiben bis zu sechs Jahre lang bei ihrer Mutter und gehen mit ihr gemeinsam auf die Jagd.

Die Delfine des Moray Firth sind die weltweit größten Tümmler. Sie werden bis zu vier Meter lang, das ist ganz schön viel, wenn man so ein Tier aus der Nähe sieht.

Wir haben unsere Delfintour im Hafen von Inverness angetreten. Es gibt aber auch noch verschiedene andere Möglichkeiten, zum Beispiel kann man mit speziellen Schlauchboten von Coromarty aus in See stechen. Die nötigen wasserabweisenden Jacken, Schutzbrillen und Rettungswesten werden gestellt. Bei dieser Art von Tour kommt man den Tümmlern vermutlich am nächsten.

Wer die Wasserfahrt scheut, hat dennoch die Möglichkeit, Tümmler in freier Natur zu beobachten. Nicht weit von Inverness gibt es den Chanonry Point, die Spitze einer Landzunge zwischen Fortrose und Rosemarkie. Die frischreichen Gründe locken hier jeden Tag zahlreiche Tümmler an. Günstigste Zeit ist etwa zwei Stunden vor dem höchsten Wasserstand bei Flut. Die Tiere kommen teilweise bis ganz nahe an den Strand heran. Am besten bringt man sich einen Picknickkorb mit, denn auf dem Kiesstrand hinter dem Leuchtturm stehen Bänke bereit, von denen aus man in aller Ruhe seinen Naturbeobachtungen nachgehen kann.

Außerdem gibt es in Inverness das Dolphin and Seal Centre von North Kessock. Hier stehen die Besucher in der Beobachtungsstation gut geschützt hinter Sichtfenstern, sodass sie die Tiere auch bei schlechtem Wetter gut beobachten können. Über Unterwasser-Mikrofone ist es sogar möglich, dem Pfeifen und Klicken der Delfine vor der Küste zuzuhören, und mithilfe von Fernrohren lassen sich die Tiere draußen im Meer beobachten.

Wer mehr wissen will, der fährt zum Moray Firth Wildlife Centre in Spey Bay etwa 80 Kilometer östlich von Inverness. Hier, an der Mündung des Flusses Spey, kann man unter fachlicher Führung eine Beobachtungstour zu Lande antreten. Da sind außer Delfinen meist auch Robben, Seehunde und Fischadler zu sehen. Außerdem gibt es ein Umweltbildungszentrum mit Unterwasserwelt-Ausstellung, und es werden Filme mit fantastischen Unterwasseraufnahmen gezeigt. Die Multimedia-Installation »Ice House« nimmt die Besucher mit auf eine abenteuerliche Tauchtour, und das ganz ohne jede Nässe. Und dazu ist auch noch der Eintritt kostenlos!

Ganz kostenlos war unsere Bootstour zwar nicht, aber jeder Cent der Investition hat sich gelohnt. Denn das Gefühl, den schönen Tieren in Freiheit so nahe zu kommen, ist einfach unbeschreiblich.

Cullen Skink – eine schottische Fischsuppe

Zutaten für 4 Personen:

1 »Finnan Haddie« (das
  ist eine auf feuchtem Holz
  geräucherte Schellfisch-
  spezialität aus dem Nordosten Schottlands. Die
  gibt es bei uns natürlich
  nicht. Deshalb nehmen wir
  ersatzweise zwei geräu-
  cherte Schellfischfilets oder
  anderen geräucherten
  Fisch mit weißem Fleisch)

250 g mehligkochende
  Kartoffeln
2 Zwiebeln
½ l Buttermilch
60 g Butter
Pfeffer
Salz
etwas Schnittlauch zum
  Bestreuen

Zubereitung:

Die Kartoffeln weich kochen und zu Brei stampfen. Die Zwiebeln schälen und würfeln. Die Fischfilets in einem Topf mit
gesalzenem Wasser bedecken und zum Kochen bringen. Die
Zwiebelwürfel dazugeben und das Ganze 15 Minuten lang
bei mittlerer Hitze kochen lassen. Dann den Fisch herausnehmen, Gräten und Haut entfernen und diese zurück in
die Brühe geben, das Filet zerkleinern und beiseitestellen.
Gräten und Haut 30 Minuten lang kochen, dann die Brühe
durch ein Sieb in einen sauberen Topf abgießen. Filetfleisch,
Buttermilch, Kartoffelbrei und Butter hinzugeben, salzen,
pfeffern und gut durchrühren. Ein paar Minuten bei schwacher Hitze ziehen lassen.

Mit Schnittlauchröllchen bestreuen und mit Brot servieren.

Der Tanz des Mondes –
Zeugen der Jungsteinzeit

Ein Mann steht nahe der Küste auf einem Hügel und blickt ernst in Richtung Norden. Von dort werden sie kommen. Sein Blick ist fest und geradeaus gerichtet. Obwohl der Wind an seinem Umhang aus Hirschleder zerrt, bewegt er sich nicht. Er ist nicht besonders groß, aber seine Haltung ist stolz und aufrecht. Über den Hügeln, die in der Ferne den Horizont säumen, leuchten die Sterne. Hinter sich fühlt er das Meer, dessen Wogen zu Füßen der kleinen Halbinsel ins Fjord branden.

Endlich sieht er das Licht ihrer Fackeln. Sie kommen. Langsam schreiten sie den Prozessionsweg entlang auf ihn zu. Denn er ist der Herr des Mondes, ihr Priester. Und er steht in der Mitte des Steinkreises, zu dem der von hohen Monolithen gesäumte Prozessionsweg führt. Denn heute ist endlich die besondere Nacht angebrochen. Die Nacht, in welcher der Mond tanzt und die Erde berührt!

So oder ähnlich könnte es sich ereignet haben. Was damals wirklich geschah, bleibt im Nebel der Vergangenheit verborgen. Wir wissen fast nichts über die Menschen, die vor 5.000 Jahren die Megalithanlage von Callanish mit ihrem mächtigen Steinkreis, dem Prozessionsweg und den Megalithreihen errichtet haben, die aus der Luft betrachtet die Form eines keltischen Kreuzes mit Nord-Süd-Achse bilden. Klar ist nur, dass es sich bei den Baumeistern keinesfalls um Kelten handelte, denn diese sollten erst Jahrtausende später in Erscheinung treten.

Die erhabene Megalithanlage von Callanish steht auf der Isle of Lewis, dem letzten Außenposten der Äußeren Hebriden vor der Weite des Atlantiks. Sie ist der nördliche Teil einer Insel am Ende der Welt, windgepeitscht und unwirtlich. Weite, kahle Torfmoore prägen ihre hügelige Landschaft, die Küsten bestehen aus steilen Kliffen, einsamen Buchten und feinsandigen Stränden. Vom südlichen Teil der Insel, der Harris genannt wird, ist ihr Norden durch ein unwegsames Gebirge abgetrennt.

Hier im Norden gibt es zahlreiche Zeugen der vorzeitlichen Besiedlung. Die Standing Stones of Callanish allein bestehen schon aus 20 verschiedenen Steinformationen. Darüber hinaus gibt es noch zahlreiche weitere Menhire, Steinkreise, Cairns – das sind kreisrunde Steinhügel – und einen Broch, das ist ein Festungsturm aus der Eisenzeit. Diese auf den ersten Blick so lebensfeindliche Insel blickt also offensichtlich auf eine lebendige Vergangenheit zurück.

Tatsächlich hatte Lewis früher ein freundlicheres Klima. Das Meer lag nach dem Rückzug der eiszeitlichen Gletscher noch ein gutes Stück tiefer, das Land war fruchtbar und reich an Wild. Es bot den Menschen eine gute Heimat. Aber mehr wissen wir nicht über diese Zeit.

Es ist viel darüber spekuliert worden, warum die Menschen des Neolithikums gewaltige Steinanlagen errichteten. Die Standing Stones of Callanish sind neben Stonehenge der beeindruckendste Steinkreis der Britischen Inseln. Im Gegensatz zu den anderen Steinkreisen sind ihre bis zu fünf Meter hohen Menhire nicht behauen, sondern weisen wie rohe, bizarre steinerne Bretter in den Himmel empor. Der Kreis ist leicht eiförmig, aber exakt symmetrisch. Die auf ihn zulaufenden Steinreihen sind beinahe genau nach den Himmelsrichtungen ausgerichtet, wobei die nördliche Reihe eine Steinallee bildet. Daher vermutet man, dass sie als Prozessionsweg diente. Doch was für Prozessionen mögen das gewesen sein?

Die vielleicht plausibelste Theorie für die Bedeutung der Kultstädte fußt auf der Beobachtung, dass der Mond exakt alle 18,6 Jahre auf solche Art über den umliegenden Hügeln steht, dass man meinen könnte, er besuche die Erde und führe einen Tanz über den Hügeln auf. Mithilfe der Steine ließ sich dieses Ereignis vorausberechnen. Die kreuzförmig angeordneten Steine mögen aber auch bei der Berechnung der Tag- und Nachtgleiche dienlich gewesen sein. Über wie viele Jahre hinweg müssen die steinzeitlichen Himmelskundler den Nachthimmel beobachtet haben, um all das herauszufinden? Es müssen viele Generationen gewesen sein.

Aber die Zeit lief weiter, die Menschen änderten sich. Nur die Steine blieben. Man fügte in der Mitte des Kreises eine kleine Grabkammer hinzu, wer dort bestattet wurde, weiß niemand mehr.

Später vergaß man den ursprünglichen Sinn der Anlage. Vor 3.000 Jahren baute man um sie herum Getreide an und nutzte die Steine als Stützpfeiler für Gebäude. Die Gebäude verschwanden wieder, doch die Steine blieben stehen. Die Menschen zogen sich zurück, seit etwa 800 v. Chr. lag die Kultstätte verlassen. Um sie herum bildete sich Torf.

Als man 1857 endlich wieder auf die Steinanlage aufmerksam wurde, war sie bereits 150 Zentimeter tief im Torf versunken. Archäologen begannen mit Ausgrabungen und legten in den folgenden Jahren den Kreis der Standing Stones und die umliegenden Menhir-Formationen frei. Heute gibt es ein kleines Besucherzentrum, das die spärlich vorhandenen Informationen gesammelt hat.

Die Standing Stones of Callanish sind bei weitem nicht die einzigen Zeugen jener lange zurückliegenden Zeit. Wer es bis hinauf nach Orkney schafft, der Inselgruppe vor der Nordspitze des schottischen Festlands, kann den Ring of Brodgar besuchen. Er ist etwas jünger als die Anlagen von Callanish, so um die 300 Jahre, was bei der Gesamtspanne der Zeit wohl kaum eine Rolle spielt. Mit einem Durchmesser von 104 Metern ist er so groß wie die älteste Anlage von Stonehenge, die heute nicht mehr existiert. Der berühmte Steinkreis von Stonehenge misst dagegen nur fast lächerlich erscheinende 30 Meter.

Wie viel gewaltiger ist da der symmetrisch runde Kreis von Brodgar! Von den ursprünglich 60 Steinen sind noch 27 erhalten. In der Mitte des Kreises wächst ein Teppich aus Heide, zur Blütezeit bietet die Anlage einen fast magischen Anblick.

Auf Orkney gibt es außerdem noch die Reste des mächtigen Broch of Gurness, einer Festung aus der Eisenzeit, die im Lauf der Jahrtausende weiterhin bewohnt gewesen ist, sodass auch Pikten und Wikinger hier ihre Spuren hinterlassen haben. Und mitten auf der Hauptinsel hebt sich die 5.000 Jahre alte Anlage von Maes Howe. Es handelt sich um eine sehr präzise aus mächtigen Steinquadern erbaute Kammer, die sich im Inneren eines künstlich aufgeschichteten Hügels befindet. Zur Wintersonnenwende fällt das Licht der untergehenden Sonne genau in diese Kammer hinein. Maes Howe ist ein weiteres Mysterium der Steinzeit.

Doch auch außerhalb der Inseln findet man die stummen Zeugen dieser rätselhaften Zeit überall in Schottland. Steinkreise, Megalithreihen, Hügelgräber, Cairns und Brochs liegen in Talsohlen und auf Pässen, an Lochs und in Flussebenen. Sie sind schweigsame Hüter ihrer Geheimnisse. Denn die Geschehnisse, deren Zeugen sie wurden, werden wohl für immer verborgen bleiben.

Hot Pint

Zutaten für 2 Gläser:

500 ml Dunkelbier   2 El Zucker
125 ml Whisky   geriebene Muskatnuss
2 Eigelb

Zubereitung:

Das Bier in einem Topf erhitzen, dabei nicht aufkochen lassen, und mit Muskatnuss würzen. Die Hitze reduzieren und den Whisky dazugeben. Eigelb und Zucker miteinander verquirlen und mit dem Schneebesen in die heiße Flüssigkeit einrühren. In hitzefeste Gläser füllen und sofort servieren.

Stadt der Gegensätze – Glasgow

»Stadt der Morde und Messer« lautet einer der Beinamen von Glasgow. Da fährt man doch besser nicht hin, oder?

Tatsächlich hat Glasgow eine hässliche Seite. Wo Edinburgh die gepflegte, repräsentative Hauptstadt der Schotten ist, ist Glasgow Schottlands raue Wirklichkeit. Es ist die größte Stadt des Landes, rund ein Drittel aller Schotten leben in Glasgow.

Der Ort, an dem sich das heutige Glasgow befindet, war schon zur Zeit der Römer besiedelt. Denn Glasgow liegt am Ufer des Clyde, und das ist nicht etwa der Partner von Bonnie, sondern mit 176 Kilometern Länge einer der größten Flüsse Schottlands. Dieser Fluss bot reiche Fischgründe, sodass man in seiner Nähe gut vom Fischfang leben konnte. Außerdem verlief hier der Antoniuswall, den die Römer errichteten, um sich von den wilden Völkern der Highlands abzugrenzen und zu schützen. Das brachte Soldaten und Siedler in die Gegend.

Glasgow selbst wurde aber erst im 6. Jahrhundert gegründet, und zwar von einem christlichen Missionar. Nein, falsch geraten. Dieses Mal war es nicht der allgegenwärtige Columban. Dieser Mann hieß Mungo und soll Wunder getan haben, aber das konnte Columban ja bekanntlich auch. Nach Mungo ist jedenfalls Glasgows Kathedrale benannt, die St Mungo's Cathedral, deren Bau im 12. Jahrhundert begann und der Stadt zunehmende Bedeutung verschaffte. Hinzu kam im 15. Jahrhundert die Universität, beides machte Glasgow zu einem Zentrum von Wissenschaft und Religion.

Der große Aufschwung aber kam im Zeitalter der industriellen Revolution. Der Clyde wurde entschlammt, damit war Glasgows Hafen vom Atlantik aus leichter zugänglich. Handelsschiffe brachten nun Waren aus Übersee, Tabak, Zucker und Baumwolle. Der Handel blühte auf, und in der Folge entstanden Werften in der Stadt, die schnell große Bedeutung erlangten. Im Hinterland von Glasgow fand man Kohle und Eisenerz. Und 1776 erfand James Watt in Glasgow die Dampfmaschine – der Beginn eines neuen Zeitalters! Fabriken schossen wie Pilze aus dem Boden. Die Schwerindustrie entstand, und die Baumwollimporteure bauten florierende Textilfabriken auf. Glasgows Wohlstand explodierte. Aus Schottland, Irland, England und dem übrigen Europa strömten Arbeiter hierher. Glasgow stieg zu einer der reichsten Städte der Welt auf.

Die Händler und Fabrikanten errichteten zahlreiche Prachtbauten, denn sie wollten ihren Wohlstand für jedermann sichtbar machen. Nicht nur für sich selbst stellten sie Luxusvillen in die Stadt, sie spendierten großzügig Parks, Museen und Bibliotheken. Der überbordende Reichtum veranlasste sie sogar dazu, selbst ihre Fabriken in wahre Paläste zu verwandeln. So wurde zum Beispiel eine schnöde Teppichfabrik dem prunkvollen Dogenpalast von Venedig nachempfunden.

Glasgow stellte nicht nur das industrielle Zentrum jener Zeit dar, es entwickelte sich auch zur Kulturmetropole. Der hier geborene Jugendstil-Architekt Charles Rennie Mackintosh, der als einer der einflussreichsten Wegbereiter der Modern Art gilt, prägte das Stadtbild mit spektakulären Bauwerken.

Doch die Entwicklung hatte auch eine Schattenseite. Die Arbeiter, die in Massen nach Glasgow gekommen waren, fanden dort zwar Arbeit, reich wurden sie davon aber nicht. Sie hatten ein spärliches Auskommen, mehr nicht. Weil durch sie aber die Bevölkerungszahl der Stadt explodierte, mussten schnell neue Wohngebiete entstehen, und weil in diesen Gegenden das Geld fehlte, gerieten sie zu Slums. Glasgows eingesessener Mittelstand, die Handwerker der Stadt, erlebte gleichzeitig einen derben Rückschlag: Mit den Preisen der neuen Industrieprodukte konnten die Handwerksbetriebe nicht konkurrieren. In der Folge verarmte der Mittelstand. Neben dem überbordenden Wohlstand entstand in Glasgow eine gewaltig große prekäre Schicht.

Aber es sollte noch schlimmer kommen. Nach dem Schwarzen Freitag 1929 und der folgenden Weltwirtschaftskrise begann die Talfahrt der Schwerindustrie, die auch Glasgow mitriss.

Eine kurze Erholungspause brachte der Zweite Weltkrieg, weil die Rüstungsindustrie dadurch einen unverhofften Boom erfuhr. In der Folge des Krieges zerstörten deutsche Bomben allerdings die Werften Glasgows zum allergrößten Teil. Und nach dem Krieg sah es finster aus. Die allgemeine Rezession gab den verbliebenen Werften den Rest. Das letzte in Glasgow vom Stapel gelaufene Schiff war 1967 die Queen Elizabeth 2.

Auch mit den übrigen Industriezweigen Glasgows ging es steil bergab. Der wachsenden internationalen Konkurrenz konnte man nichts entgegensetzen. Stahlwerke, Kohleminen, Textilfabriken, Motor- und Eisenbahnwerke schlossen reihenweise, die Arbeitsplätze verschwanden. Was blieb, waren die Arbeiter. Und diese sahen sich mit Massenarbeitslosigkeit und bitterer Armut konfrontiert. Das Glasgow der Siebzigerjahre des letzten Jahrhunderts zeigte sich schmutzig, heruntergekommen, verwahrlost und kriminell.

Anfang der Achtzigerjahre erkannten die Stadtväter dann endlich, dass es so nicht weitergehen konnte. Man begann, zu investieren. Fassaden in der Innenstadt wurden gesäubert, Gebäude renoviert, das Kulturleben erhielt neuen Anschub.

Mit Erfolg: 1990 wurde Glasgow zur Europäischen Kultur-hauptstadt gewählt und fand sich schlagartig in einer Reihe mit Städten wie Florenz, Athen, Berlin oder Paris.

Und so erwachte Glasgow wie Dornröschen, reckte sich kurz und überrascht heute seine Besucher mit historischen und hochmodernen Architekturschätzen, einer Vielzahl von Museen, deren Eintritt meist kostenfrei ist, der Scottish Opera, dem Scottish National Orchestra und dem Scottish Ballett, zahlreichen Festivals, einem pulsierenden Stadtleben mit schicken Cafés, Bars und Restaurants, Designerboutiquen, Edelläden und vor allem mit der vielgerühmten Freundlichkeit seiner Bewohner.

Aber leider hat man vergessen, die Slumgebiete der Stadt bei diesem Aufschwung mitzunehmen. Schauen wir uns zum Beispiel einmal Drumchapel an. Düster, grau und schmutz-starrend dümpelt der Stadtteil zwischen verlassenen Industrieanlagen und verfallenen Wohnkasernen vor sich hin. Die Arbeitslosigkeit liegt hier bei 30 Prozent, und die Bewohner ertränken ihre Frustration im Alkohol. Es gehört zu den weniger rühmlichen Fähigkeiten der Schotten, massiv viel Alkohol in sich hineinschütten zu können. Hier, in der perspektivlosen Umgebung von Drumchapel, steigert sich dieser Konsum noch einmal. Saufgelage sind an der Tagesordnung.

Hinzu kommen schlechte Ernährung, viele Zigaretten und darüber hinaus auch noch Drogen. Folge ist, dass die Lebenserwartung von Männern in Drumchapel nur bei 53 Jahren liegt. Fettleibigkeit, Diabetes, Lungenprobleme, Krebs und Herzkrankheiten sind hier schon bei 40-Jährigen keine Seltenheit. Dieses Problem ist in Glasgows Slums so ausgeprägt, dass die Medizin das Phänomen als »Glasgow-Effekt« bezeichnet. Die trübe Aussichtslosigkeit zieht zudem auch noch eine hohe Kriminalitätsrate nach sich.

Daher rührt Glasgows unrühmlicher Beiname als »Stadt der Morde und der Messer«. Und trotz aller Bemühungen ist es bisher noch immer nicht gelungen, den schaurigen Vierteln an Glasgows Peripherie eine neue Perspektive zu schenken.

Scotch Woodcock

Zutaten für 4 Personen:

8 Scheiben Toastbrot	ca. 40 Kapern
8 Eier	etwas krause Petersilie
80 g Butter	Salz
50 ml Schlagsahne	Pfeffer
16 Anchovis	

Zubereitung:

Das Brot toasten und im Ofen warmhalten. Die Eier in einer Schüssel mit der Sahne verquirlen, salzen und pfeffern. Die Butter in einer großen, beschichteten Pfanne schmelzen, anschließend bei geringer Hitze die Eiermasse hinzugeben, dabei ständig rühren.

Sobald die Eimasse fest wird, auf den Toastscheiben verteilen und jeweils mit zwei Anchovis, einem Petersilienblatt sowie einigen Kapern belegen.

Im Land der Hobbits – Crofting

Am Rande des Tals steht ein bescheidenes Haus. Es ist aus grob behauenen Steinen erbaut, weiß getüncht und gedrungen. Fast scheint es, als wolle es sich in den Boden hineindrücken. Sein Dach ist mit Reet gedeckt, an der rechten und der linken Seite ist es jeweils von einem eckigen Schornstein flankiert. In der Mitte der Vorderfront liegt die niedrige Tür, rechts und links davon je ein kleines Fenster. Es wirkt wie das putzige Gesicht eines Zwerges oder zumindest wie dessen Wohnstätte.

Die kleine Landfläche, die das Häuschen umgibt, ist von einem Holzzaun umgeben, hier wachsen Kohl und Kartoffeln, Gerste, Lauch und Rüben. Sind wir im Land der Hobbits angekommen? Nein, hier wohnt kein Verwandter von Frodo Beutlin. Es ist ein Crofter, ein schottischer Landpächter. Diese besondere Form der Landpacht gibt es nur in Schottland und in Irland.

Die Tradition, aus der heraus das Crofting entstanden ist, hat eine lange Geschichte. Zur Zeit der schottischen Clans gehörte alles Land dem Chief. Für ihn mussten die Bauern das Land bewirtschaften, für sich selbst hatten sie Haus und Gärtchen. Das Gemeindeland wurde bestellt oder, weil es sich oft um karges Land handelte, vom Vieh beweidet. Im Gegenzug für ihre Arbeit erhielten die Bauern vom Clanherrn militärischen Schutz und soziale Unterstützung, er fungierte wie ein Vater für die ihm unterstellten Clanfamilien.

Das änderte sich nach dem Debakel von Culloden. Die Engländer zerschlugen das Clansystem, viele Chiefs verkauften in der Folge ihr Land oder wurden enteignet. Die neuen Herren waren Engländer, deren oberstes Interesse in der Gewinnmaximierung lag. Sie verpachteten Parzellen des Landes an die einheimischen Bauern, Gemeindeland wurde weiterhin von allen gemeinsam als Weidefläche genutzt.

Doch dann begannen die Highland Clearances. Die Crofter wurden gezwungen, ihre Parzellen aufzugeben und wegzuziehen. Viele verließen Schottland ganz, weil ihnen ihre Bleibe genommen wurde und sie somit auch kein wirtschaftliches Auskommen mehr besaßen. Manchen hingegen wiesen die Landherren neue Parzellen in den nördlichen Küstenregionen zu. Denn das dortige Land war zu unwirtlich und zu abgelegen für die Schafzucht, wofür die Herren nun die Täler der Highlands beanspruchten. Und die Crofter fanden sich auf mickrigen, unfruchtbaren Landstücken im rauen Klima an Schottlands Nordküste wieder. Da gab es kein Auskommen!

Aber unvermittelt öffnete sich ihnen doch noch eine neue Perspektive. Ab 1780 erlebte der Abbau von Kelp einen Boom, das bedeutete Arbeit für die Menschen an den Küsten von Schottland. Denn Kelp ist Seetang, und den benötigte die aufstrebende Glas- und Seifenindustrie in großen Mengen. Man verbrannte die Algen und erhielt so Asche, die reiche Anteile an Kalzium, Jod und Alkali aufwies. Doch so schnell, wie die Hochkonjunktur gekommen war, so schnell erlosch sie 50 Jahre später wieder. Den Croftern blieben jetzt nur noch schlecht bezahlte Jobs im Straßenbau oder die Fischerei als Erwerbsmöglichkeiten.

Und als wenn das nicht schlimm genug gewesen wäre, kam erschwerend zu ihrer Situation hinzu, dass sie völlig rechtlos waren. Wenn es dem Landherrn gefiel, konnte er sie einfach woanders ansiedeln oder sogar ganz vertreiben. In der Vergangenheit hatte nie die Notwendigkeit bestanden, eine Rechtsgrundlage für die schottischen Bauern zu schaffen. Zwar besaßen sie kein Land, aber die Clan-Chiefs sorgten jahrhundertelang gut für ihre Leute. Niemals wäre es ihnen in den Sinn gekommen, einen Bauern aus ihrem Clan von seinem Grundstück zu vertreiben. Den jetzt herrschenden englischen Landbesitzern waren die Crofter aber mehr oder weniger gleichgültig.

Da kam in Irland die Home-Rule-Bewegung auf. Die Iren kämpften für ihre Selbstverwaltung und für ihre Rechte, denn auch in Irland war das System des Croftings verbreitet. Das Gedankengut der Revolution erreichte mit Fischern die Äußeren Hebriden und gelangte von dort auf das schottische Festland. Die Crofter taten sich zusammen, streikten, behielten Pachtzahlungen ein und ergriffen für andere Crofter Partei, denen die Vertreibung drohte.

Nun endlich wurde das Parlament in London auf ihre Situation aufmerksam. Es erließ 1886 den »Crofters' Holdings Act«. Fortan durften die Crofter nicht mehr von ihrem Land vertrieben werden, und sie erhielten das Recht, den Betrieb innerhalb der Familie weiterzugeben. Die Höhe der Pacht musste angemessen sein, und eine Kommission wurde ins Leben gerufen, um deren Berechnung zu überwachen. Seit 1976 haben Crofter sogar das Recht, ihr Land zum 15-fachen Pachtpreis zu erwerben. Das zieht allerdings den Verlust von Subventionen nach sich, weshalb nur die wenigsten Crofter Gebrauch von dieser Möglichkeit machen.

Heute gibt es etwa 18.000 Crofts in den schottischen Highlands und auf den vorgelagerten Inseln. Etwa 33.000 Menschen leben von den Betrieben. Aber diese sind meist recht klein, im Durchschnitt besitzen sie nur zwischen zwei und fünf

Hektar Land. Und das reicht nicht wirklich, um den Lebensunterhalt zu erwirtschaften. Die Crofter sind im Regelfall Nebenerwerbslandwirte und gehen ansonsten noch einer anderen beruflichen Tätigkeit nach, sei es als Arbeiter, als Fischer oder in einem anderen Job.

Kurze Wachstumsperioden, schlechte Böden und bergige Landschaft machen außerdem den Croftern das Leben nicht gerade leicht. Doch die traditionelle Bewirtschaftung des Landes durch die Crofter ist umweltfreundlich und zudem ein wichtiger Beitrag für die Erhaltung der schottischen Landschaft. Deshalb gibt es Programme zur Förderung des Croftings.

Denn was wären die Highlands ohne die kleinen Crofter-Häuschen, die aus ihren grünen Gärtchen herausschauen, als warteten sie auf die Heimkehr von Frodo Beutlin?

Gooseberry Meringue Pie – Stachelbeer-Baiser-Torte

Zutaten:

175 g Mürbeteig
450 g Stachelbeeren
175 g Zucker
40 g Stärkemehl
4 Eier

50 g Butter
Mehl für die Arbeitsfläche
Salz
Butter zum Einfetten

Zubereitung:

Den Mürbeteig auf einer eingemehlten Fläche ausrollen und für die Springform passend ausschneiden. Die Springform mit Butter einfetten, den Mürbeteig hineinlegen und im auf 200°C vorgeheizten Backofen »blind« 15 Minuten lang backen. Die Stachelbeeren putzen und waschen, mit 50 g Zucker und 400 ml Wasser in eine große Pfanne geben, aufkochen und 15 Minuten lang bei geringer Hitze köcheln lassen. Abgießen, die Flüssigkeit auffangen. 350 ml davon abmessen und in die Pfanne geben. Mit dem Schneebesen das Stärkemehl einrühren. Die Butter dazugeben und die Flüssigkeit unter Rühren aufkochen. 2 bis 3 Minuten lang kochen, bis die Flüssigkeit sämig ist. Die Eier trennen. Die Hitze reduzieren und die Eigelbe kräftig schlagend unter die sämige Flüssigkeit mischen. Dann die abgetropften Stachelbeeren unterheben und die Masse auf dem Boden in der Springform verteilen. Die Eiweiße mit einer guten Prise Salz vermischen, den restlichen Zucker dazugeben und so lange aufschlagen, bis ein steifer und glänzender Eischnee entstanden ist. Diesen über der Stachelbeermasse verteilen. Die Torte bei 200°C etwa 10 bis 15 Minuten lang backen, bis der Eischnee an der Oberseite goldbraun zu werden beginnt. Abkühlen lassen, danach die Springform vorsichtig entfernen.

Rob Roy, Paul McCartney und ein vorwitziger Brownie

Nachdem ich das letzte Kapitel geschrieben hatte, ging ich noch einmal hinaus. Es begann bereits zu dämmern, und ich setzte mich auf die Bank vor dem Haus, von wo man das Loch überblickt. Weil es Hochsommer war, reichte die Windjacke, die ich über meinem Wollpullover trug, zusammen mit der Wolldecke, in die ich mich kuschelte. Ich hatte mir ein Gläschen Whisky eingegossen, obwohl ich eigentlich kein Freund davon bin. Aber jetzt war es irgendwie passend, außerdem hatte ich es mir verdient, so fand ich. Ich trank einen Schluck und ließ meinen Blick über das Loch schweifen, von dem Dunst aufzusteigen begann. Da sagte plötzlich neben mir eine knarzende Stimme: »Awrite!«. Das ist Scots und bedeutet »Hallo«.

Verwundert schaute ich mich um. Im ersten Moment sah ich niemanden, aber dann bemerkte ich ein kleines braunes Männchen zu meinen Füßen. Ich runzelte die Stirn, blickte auf mein Whiskyglas und schüttelte den Kopf. Doch das Männchen verschwand nicht. »Wer bist denn du?«, fragte ich schließlich, und das Kerlchen warf mir einen vorwitzigen Blick zu. »Ich bin ein Brownie«, antwortete es.

Ich lachte auf. »Kann man dich essen oder was?« Das Männchen sah mich empört an. »Du behauptest, viel über Schottland zu wissen, aber uns Brownies kennst du nicht«, maulte es. »Wir sind nicht essbar, wir sind die schottischen

Heinzelmännchen. Seit jeher leben wir mit den Schotten in Harmonie, und sie belohnen uns dafür mit Süßigkeiten oder einem Schälchen Milch. Wenn wir ihnen einen Dienst erweisen können, dann tun wir das.« Der kleine Kerl nickte bei diesen Worten so ernsthaft, dass ich lachen musste. Das aber missfiel ihm sehr. »Machst du dich etwa über mich lustig?«, zischte er zornig. Sofort setzte ich eine ernste Miene auf und beteuerte, mich selbstverständlich niemals über den kleinen Brownie lustig zu machen.

»Das ist auch besser so«, giftete er mich an. »Sonst lernst du die Rache eines Brownies kennen, und die ist fürchterlich!« Dann verflüchtigte sich der Ärger auf seinem Gesicht, und er sah mich grinsend an. »Hast du Süßigkeiten für mich?«, fragte er. Ich überlegte fieberhaft. Eigentlich hielt ich mal wieder Diät, aber der Kleine musste etwas bekommen, das war mir klar. Sonst würde er bestimmt schnell wieder wütend werden.

Da fiel mir zum Glück der Beutel mit der schottischen Süßigkeit Tablet ein, den ich für die Kinder gekauft hatte. Ich ging ins Haus und holte etwas von dem Konfekt. Der Brownie schien zufrieden, er setzte sich auf ein weiches Heidepolster und begann zu kauen.

»Du meinst also, dass du nun mit deinem Buch über Schottland fertig bist«, meinte er dann mampfend. »Dabei gibt es so viele Dinge, über die du nichts erzählt hast. Da sind noch hunderte von Burgen, über die du kein Wort verloren hast.« Er schluckte hörbar und biss aufs Neue in das weiche Konfekt. »Du hast über Filmkulissen geschrieben und über Sean Connery, aber das Duart Castle auf der Isle of Mull hast du nicht erwähnt. Obwohl da Connerys Film ‚Verlockende Falle' gedreht wurde.«

Ich wollte etwas antworten, aber er fiel mir ins Wort. »Du hast über unsere schöne Landschaft geschrieben, aber das

Glen Nevis hast du nicht erwähnt. Dabei ist es eines unserer schönsten und romantischsten Täler.«

»Ich weiß«, sagte ich. »Man kann dort stundenlang wandern, ohne einem Menschen zu begegnen. Diese Highland-Landschaft wirkt wie aus dem Bilderbuch und ist deshalb ein beliebter Drehort für Filme, ‚Harry Potter‘, ‚Highlander‘, ‚Braveheart‘, ‚Rob Roy‘ …«

»Ha!«, unterbrach mich der Brownie, »siehst du! Mit keinem Wort hast du Rob Roy erwähnt!«

»Rob Roy lebte von 1671 bis 1743. Er hieß eigentlich Robert Roy MacGregor und betätigte sich als Rinderhändler. Aber er war auch ein Verbrecher, er stahl Rinder und erpresste Schutzgelder. Nur weil Sir Walter Scott einen Roman über ihn verfasst hat und ihn zum Helden verklärt hat, Berlioz eine Ouvertüre zu seinen Ehren verfasste und Hollywood ein Epos über ihn drehte, muss ich ja nicht auch noch über ihn schreiben!« Allmählich war ich es, die sich zu ärgern begann. Was nahm der kleine Kerl sich bloß heraus!

Doch der Brownie sah mich mit großen Augen an. »Rob Roy ist den Schotten, was den Engländern ihr Robin Hood ist«, sagte er ernst. »Du brauchst also nicht so despektierlich über ihn zu sprechen. Sein Name ist für alle Zeiten mit Schottland verbunden, aber du hast nicht über ihn geschrieben.«

Ich seufzte. »Du hast ja recht. Und es gibt noch viele andere Dinge, über die ich nicht geschrieben habe. Vollständigkeit war nie mein Anspruch. Ich wollte einfach nur ein paar Geschichten aus Schottland erzählen. Und ein Gefühl für euer Land vermitteln, verstehst du?«

Der Brownie gab ein grunzendes Geräusch von sich und machte eine wegwerfende Handbewegung. »Wichtige Dinge hast du ausgelassen«, brummte er kopfschüttelnd. »Du hast kein Wort über die Klassifizierung unserer Berge geschrieben.

Nun wissen deine Leser nicht die Unterschiede zwischen Bens, Corbetts, Munros, Marylins, Grahams und Donalds!«

Ich zog die Brauen zusammen. Ehrlich gesagt wusste ich nicht, was er meinte. »Du hast keine Ahnung, eh?«, stellte er fest, als er meinen fragenden Gesichtsausdruck bemerkte. »Je nachdem, wie hoch ein Berg ist, hat er eine andere Bezeichnung. Ein Munro ist über 3.000 Fuß hoch, ein Marylin mindestens 150 Meter. Ein Corbett ist kleiner als ein Munro, aber größer als ein Donald. Ein Graham hat eine relative Höhe von 492 Fuß und eine reale Höhe von mindestens 2.000 Fuß. Sie alle sind Bens, aber …«

Nun war es an mir, den Brownie zu unterbrechen. »Verstehe«, warf ich ein. »Das ist natürlich unglaublich wichtig zu wissen. Aber weißt du«, ich versuchte, ein möglichst versöhnliches Lächeln aufzusetzen, »ich denke, meine Leser werden solche Dinge selbst herausfinden, wenn sie sich dafür interessieren. Die Hauptsache ist doch, dass ich ihnen davon erzählt habe, wie schön deine Heimat ist, nicht wahr? Außerdem komme ich nächstes Jahr wieder zum Lochindorb zurück, dann werde ich auch meinen Hund mitbringen. Und noch ein weiteres Buch über Schottland schreiben!«

Der Brownie schien zufrieden zu sein. Jedenfalls schloss er die Augen, verzehrte mit schmatzenden Geräuschen genüsslich das letzte Stück Tablet und begann dann, eine Melodie zu summen. Sie kam mir ziemlich bekannt vor, und nach ein paar Takten fiel es mir ein. »,Mull of Kintyre' von Paul McCartney und den Wings«, stellte ich fest. »Der Name McCartney ist zwar schottisch, aber Paul McCartney stammt aus Liverpool.«

»Richtig«, erwiderte der Brownie. »Aber er besitzt eine Farm auf Kintyre und besingt in dem Song die Schönheit der dortigen Landschaft.« »Diese Halbinsel im Südwesten von Schottland?« »Richtig! Das Mull of Kintyre ist die Spitze dieser

Halbinsel. Es ist die Stelle, an der Schottland Irland am nächsten kommt.«

Eine abgelegene Gegend, erinnerte ich mich. Schwierig zu erreichen. Aber Paul McCartney besaß bestimmt einen Hubschrauber.

Der Brownie riss mich aus meinen Gedanken. »Kennst du den ‚Mull-of-Kintyre-Test'?«, kicherte er und fuhr, als ich verneinend mit dem Kopf schüttelte, fort: »Das war bis 2003 eine Faustregel der britischen Filmzensur. Danach durfte in einem Film kein Penis zu sehen sein, der in einem größeren Winkel vom Körper abstand als dem Winkel, in dem Kintyre vom schottischen Festland absteht – Kintyre sieht nämlich aus wie ein männliches Glied, ist dir das noch nicht aufgefallen?«

Ich schaute ein bisschen indigniert. Wollte der Kerl mir jetzt schlüpfrige Witze erzählen? Er bemerkte meinen Blick und schien wieder beleidigt zu sein. »Ich geh dir wohl auf die Nerven, was?«, giftete er. »Dann geh doch gleich nach Firhall! Da hast du deine Ruhe!«

»Wo ist denn Firhall?«, fragte ich und versuchte dabei, einen versöhnlichen Ton anzuschlagen. »Das liegt am Moray Firth«, entgegnete er, »da, wo du zur Delfinbeobachtung warst. Ein kleines Dorf mit einer ganz besonderen Eigenschaft: Dort gibt es nämlich keine Kinder! Wer da wohnen will, muss älter als 45 Jahre sein und darf keine Kinder bei sich haben. Man darf einen Hund oder eine Katze halten, mehr Tiere sind nicht erlaubt. Man darf zwischen 21 Uhr abends und 7 Uhr früh nicht Auto fahren, außerdem ist es verboten, Wäsche draußen aufzuhängen. Und die Enkelkinder dürfen nur für maximal drei Wochen zu Besuch kommen.«

»Das klingt ja fürchterlich«, empörte ich mich. Als Mutter von drei Kindern wusste ich nur zu gut, wie anstrengend Kinder sein können. Aber ein Leben ohne Kinder? Undenkbar!

»Reg dich nicht auf«, beschwichtigte der Kleine. »Die Leute haben ja selbst meist Kinder großgezogen. Davon haben sie nun genug und wollen den Rest ihres Lebens in Ruhe verbringen. Kann man doch verstehen! Jedenfalls ist der Ort sehr begehrt. Wenn du da ein Haus kaufen willst, musst du dich erst mal am unteren Ende der langen Warteliste eintragen.«

Ich wollte gerade anheben und meine Meinung zu dieser Lebenseinstellung kundtun, da sprang der Brownie auf. »Es wird dann auch Zeit für mich«, sagte er, und ehe ich etwas erwidern konnte, rief er »Cheerio!« und war auch schon verschwunden.

Verwundert blickte ich ihm hinterher. Dann schaute ich auf mein leeres Whiskyglas. Vermutlich bekommt mir das Zeug einfach nicht.

Ecclefechan Butter Tart

Zutaten:

200 g Mürbeteig
2 Eier
50 g Walnüsse
200 g brauner Zucker
1 El Essig

250 g gemischtes
 Trockenobst
125 g Butter
Butter zum Einfetten

Zubereitung:

Die Walnüsse grob hacken, die Eier miteinander verquirlen, die Trockenfrüchte in kleine Stücke schneiden. Die Butter zerlassen. In einer Schüssel Zucker, Butter und Eier gut miteinander vermischen und den Essig dazugeben (nicht mehr als die vorgegebene Menge!). Trockenfrüchte und Walnüsse unterrühren.

Kleine Törtchen- oder Pastetenförmchen mit Butter einfetten und jeweils den Boden mit Mürbeteig belegen. Auf jedes davon einen Löffel der Masse geben, verteilen und die Törtchen im vorgeheizten Backofen bei 190°C 25 bis 30 Minuten lang backen.

Ecclefechan ist eine kleine Ortschaft in Dumfries and Galloway. Außer diesem Rezept hat sie auch den 1796 geborenen Historiker und Philosophen Thomas Carlyle hervorgebracht. Er postulierte die »Würde des Einzelnen«, tat sich aber auch mit dem Werk »The Nigger Question« als Rassist hervor. Vielleicht bleiben wir doch besser beim Törtchen.

Das letzte Wort

Liebe Leserinnen, liebe Leser,

ich hoffe, Ihnen hat unser Ausflug nach Schottland gefallen. Versäumen Sie nicht die Fotos aus Schottland auf meiner Homepage **www.almutirmscher.de**!

Natürlich freue ich mich über Ihre Tipps, Hinweise oder Anregungen und beantworte auch gerne Ihre Fragen. Schreiben Sie mir einfach an **kontakt@almutirmscher.d**e.

Vielen Dank fürs Lesen und …
Farewell – see you in Scotland!

Ihre
Almut Irmscher

Danksagung

Ich danke allen, die mich mit Tipps und Anregungen unterstützt haben. Ganz besonders danke ich meinem Mann Ulrich Otto, ohne seinen Rat, seine Korrekturen, seine Aufmunterungen und seine ständige Bereitschaft, mir alle Hindernisse aus dem Weg zu räumen, wäre meine Arbeit nicht möglich gewesen.

Besonderer Dank gebührt auch meiner Freundin Gunhild Hexamer, die mich nicht nur durch die Jahrzehnte des Lebens begleitet hat, sondern auch die Entstehung meiner Bücher jedes Mal aufs Neue unermüdlich und engagiert mit ihren Hinweisen, Korrekturen und Anregungen begleitet. Sie ist es auch gewesen, die mir überhaupt erst den Anstoß zum Schreiben gegeben hat. Ohne Gunhild gäbe es meine Bücher nicht. Gunhild ist selbst Autorin, wenn Sie sich für Nordamerika interessieren, dann empfehle ich Ihnen ihre Bücher und die Website www.ghexamer.de.

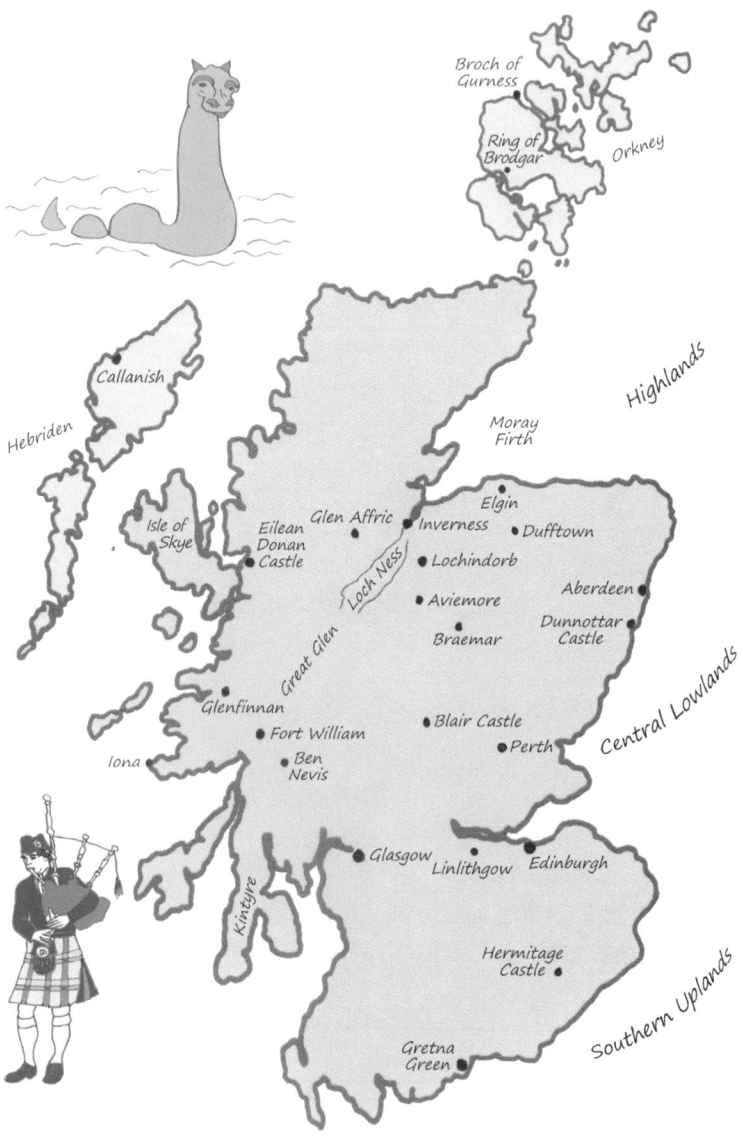

Küste bei Aberdeen

Cairngorms

Glenfinnan Viaduct

Highland Cattle

Loch Laggan Castle

Cromarty

Dunnottar Castle

Inverness

Eilean Donan Castle

Blick auf die Cairngroms

Dufftown

Lochindorb

Lochindorb

Loch Ness

Gelnfinnan Viaduct

Scotch Eggs

Glen Affric

Lochindorb

Western Highlands

Feedback
Wie hat Ihnen das vorliegende Buch gefallen?
Bitte scannen Sie den QR-Code und beantworten Sie uns
gerne einige Fragen. Das hilft dem MANA-Verlag auch
bei der Entwicklung neuer Titel.
Vielen Dank!

Vielleicht gefällt Ihnen auch dieses Buch!
Begeben Sie sich auf eine Reise durch das Schottland von
heute und gestern. Die Reise führt Sie zurück zu historischen
Persönlichkeiten, Kriminalfällen und Schlachten, zu Kuriosem,
Lustigem und Tragischem, und in die Fantasie- und Fabelwelt.
Schottland ist geographisch gesehen ein relativ kleines raues
Land, aber eines mit großem Charakter.
Lassen Sie sich davon erzählen!

»Kurzweilig und unterhaltsam zu lesen« (ekz bibliotheksservice)